AF175917

Impressum
Verlag: BABADADA GmbH, Nedderfeld 112 , 22529 Hamburg
Geschäftsführer / Verlagsleitung: Harald Hof
Druck: Books on Demand GmbH, In de Tarpen 42, 22848 Norderstedt

Imprint
Publisher: BABADADA GmbH, Nedderfeld 112 , 22529 Hamburg, Germany
Managing Director / Publishing direction: Harald Hof
Print: Books on Demand GmbH, In de Tarpen 42, 22848 Norderstedt

ቤት-ትምህርቲ

école

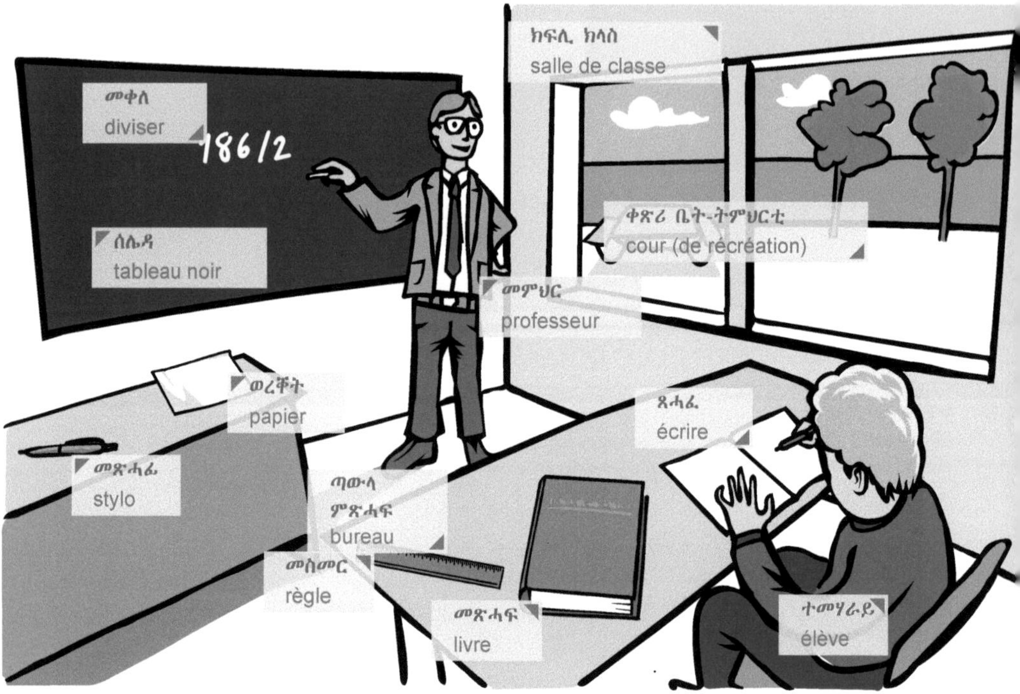
ክፍሊ ክላስ
salle de classe
መቀለ
diviser
186/2
ሰሌዳ
tableau noir
ቀጽሪ ቤት-ትምህርቲ
cour (de récréation)
መምህር
professeur
ወረቐት
papier
ጸሓፈ
écrire
መጽሓፊ
stylo
ጣውላ
ምጽሓፍ
bureau
መስመር
règle
መጽሓፍ
livre
ተመሃራይ
élève

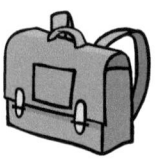

ሳንጣ ትምህርቲ

cartable

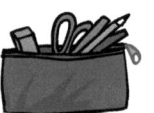

ሰፈር ብርዒ

trousse

ርሳስ

crayon

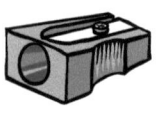

መብልሒ ርሳስ

taille-crayon

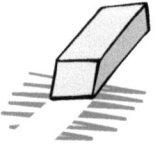

መደምሰሲ

gomme

ጥራዝ ስእሊ

carnet à dessin

ስእሊ,
....
dessin

ብርዒ ቀለም
....
pinceau

ቦክስ ቀለም
....
boîte de peinture

መቀስ
....
ciseaux

መጣበቒ
....
colle

ጥራዝ መላመዲ
....
cahier d'exercices

ዕዮ ገዛ
....
devoirs

12

ቁጽሪ
....
chiffre

2+2

ወሰኽ
....
additionner

5-2

ጎደለ
....
soustraire

2×2

ረብሓ
....
multiplier

ደመረ
....
calculer

A

ፊደል
....
lettre

ABCDEFG
HIJKLMN
OPQRSTU
VWXYZ

ስርዓት ፊደላት
....
alphabet

hello

ቃል
....
mot

ጽሑፍ

texte

አንበበ

lire

ኩርሽ

craie

ሰዓት

leçon

መዝገብ ክላስ

livre de classe

መርመራ

examen

ሰርቲፊከት

certificat

ድቢዛ ቤትትምህርቲ

uniforme scolaire

ትምህርቲ

formation

ለክሲኮን

lexique

ዩኒቨርሲቲ

université

ሚክሮስኮፕ

microscope

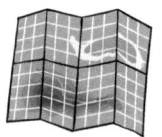

ካርታ

carte

ጎሓፍ ወረቓት

corbeille à papier

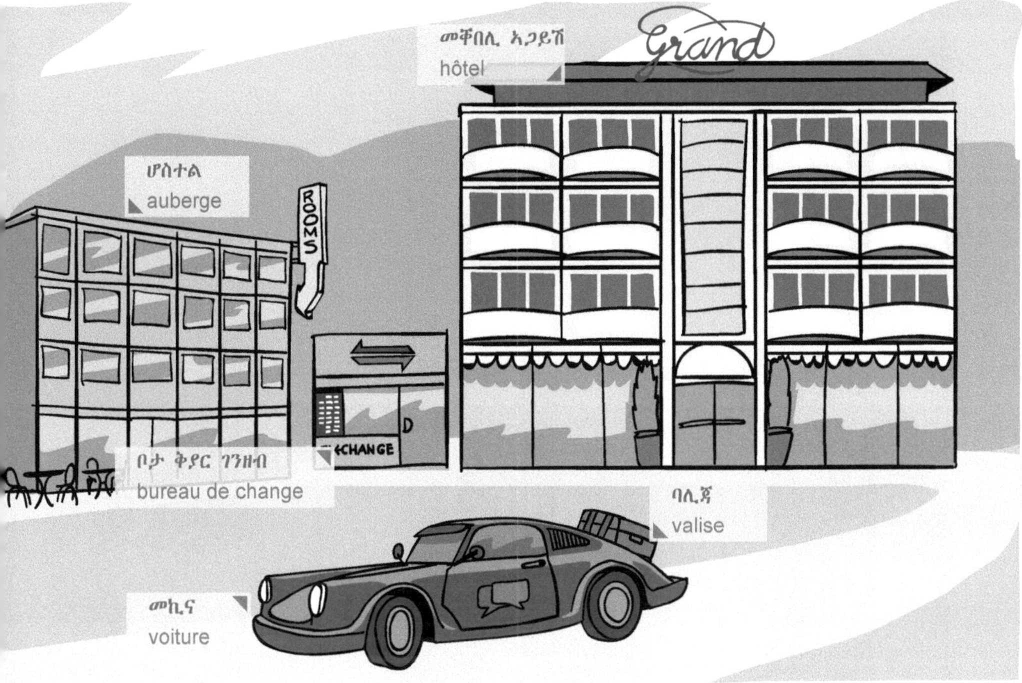

Grand
ROOMS
መቐበሊ ኣጋይሽ
hôtel
ሆስተል
auberge
ቦታ ቅያር ገንዘብ
bureau de change
ባሊጃ
valise
መኪና
voiture

ቋንቋ

langue

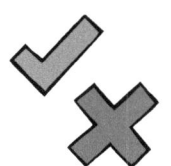

እወ / ኖ

oui / non

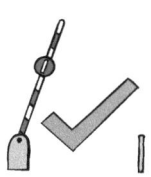

ሕራይ

d'accord

ሰላም

Salut

ኣስተርጓሚ

interprète

የቐንየለይ

merci

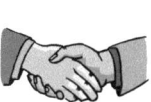

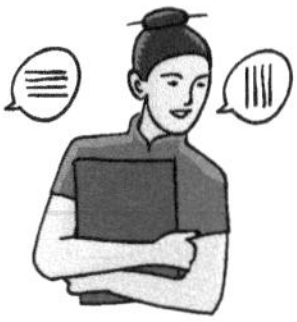

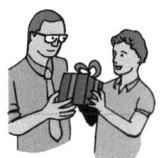

. . . ክንደይ ዋግኡ?

Combien coûte...?

አይተረድኣኹን

Je ne comprends pas

ሽግር

problème

ሰላም ምሸት!

Bonsoir !

ከመይ ሓዲርካ

Bonjour !

ሰላም ለይቲ

Bonne nuit !

ደሓን ኩን

Au revoir

አንፈት

direction

ጉዓዝ

bagages

ሳንጣ

sac

ሳንጣ ሕቖ

sac-à-dos

ጋሻ

hôte

ክፍሊ.

pièce

ክሻ መደቖሲ.

sac de couchage

ቴንዳ

tente

ሓበሬታ በጸሕቲ ሃገር

office de tourisme

ገምገም ባሕሪ

plage

ክሬዲት ካርድ

carte de crédit

ቁርሲ

petit-déjeuner

ምሳሕ

déjeuner

ድራር

dîner

ቲከት

billet

ሊፍት

ascenseur

ማሕተም ደብዳበ

timbre

ዶብ

frontière

ድንና

douane

ኣምበሲ

ambassade

ቪዛ

visa

ፓስፖርት

passeport

መጓዓዝያ

transport

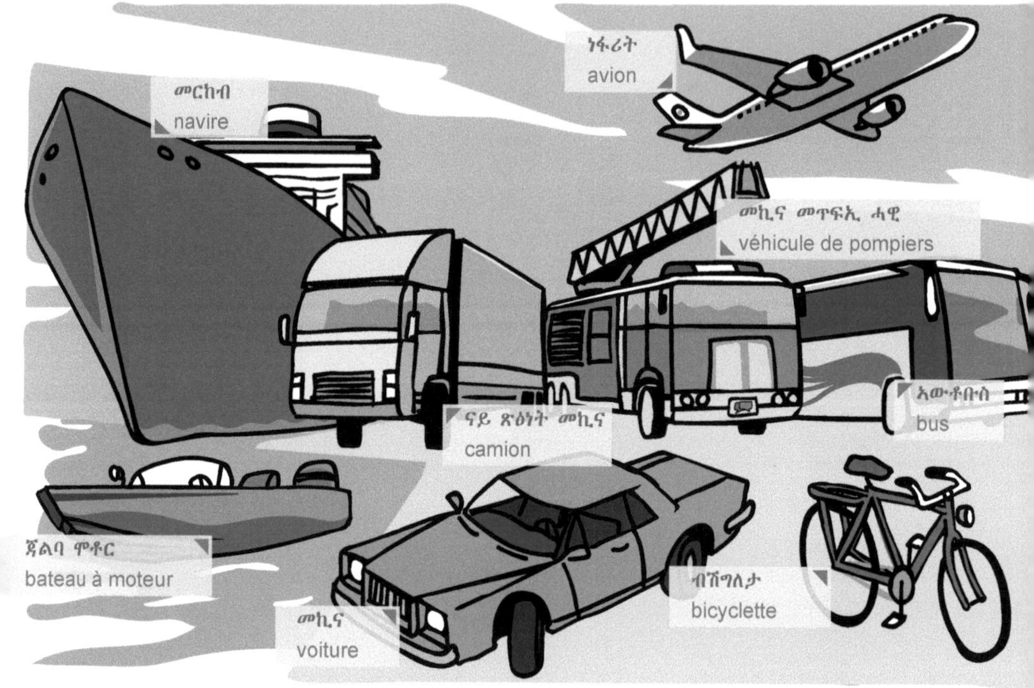

ነፋሪት
avion
መርከብ
navire
መኪና መጥፍኢ ሓዊ
véhicule de pompiers
አውቶቡስ
bus
ናይ ጽዕነት መኪና
camion
ጃልባ ሞቶር
bateau à moteur
ብሽግለታ
bicyclette
መኪና
voiture

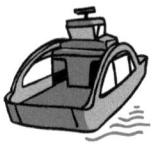

ፈሪ

....

ferry

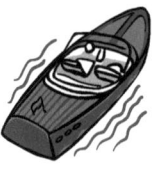

ጃልባ

....

barque

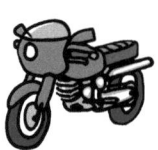

ሞቶ

....

moto

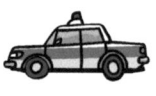

መኪና ፖሊስ

....

voiture de police

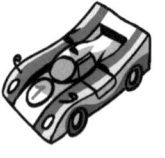

መኪና ቅድድም

....

voiture de course

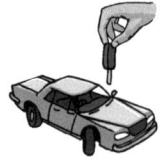

ክራይ መኪና

....

voiture de location

ምውፋይ መካይን
....
auto-partage

መወሰዲ መኪና
....
voiture de remorquage

መኪና ጎሓፍ
....
benne à ordures

ሞቶር
....
moteur

ነዳዲ
....
essence

እንዳ ነዳዲ
....
station d'essence

ምልክት ትራፊክ
....
panneau indicateur

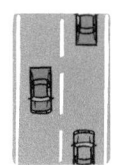

ትራፊክ
....
trafic

ምጭቕጫቕ ትራፊክ
....
embouteillage

መዓሸጊ መኪና
....
parking

መዕረፊ ባቡር
....
gare

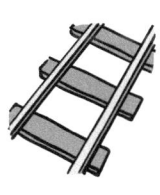

ሓዲግ
....
rails

ባቡር
....
train

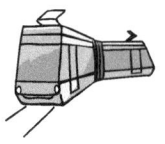

ትረም
....
tramway

ባጎኒ
....
wagon

ሄሊኮፕተር

hélicoptère

መዓረፍ ነፈርቲ

aéroport

ታወር

tour

ተጓዓዪ

passager

ኮንተይነር

conteneur

ሳንዱቅ ካርቶን

carton

ኮርሳ ጽዕነት

chariot

ዘንቢል

corbeille

ተበገሰ / ዓለበ

décoller / atterrir

ከተማ

ville

ቀኣሸት

village

ማእከል ከተማ

centre-ville

ገዛ

maison

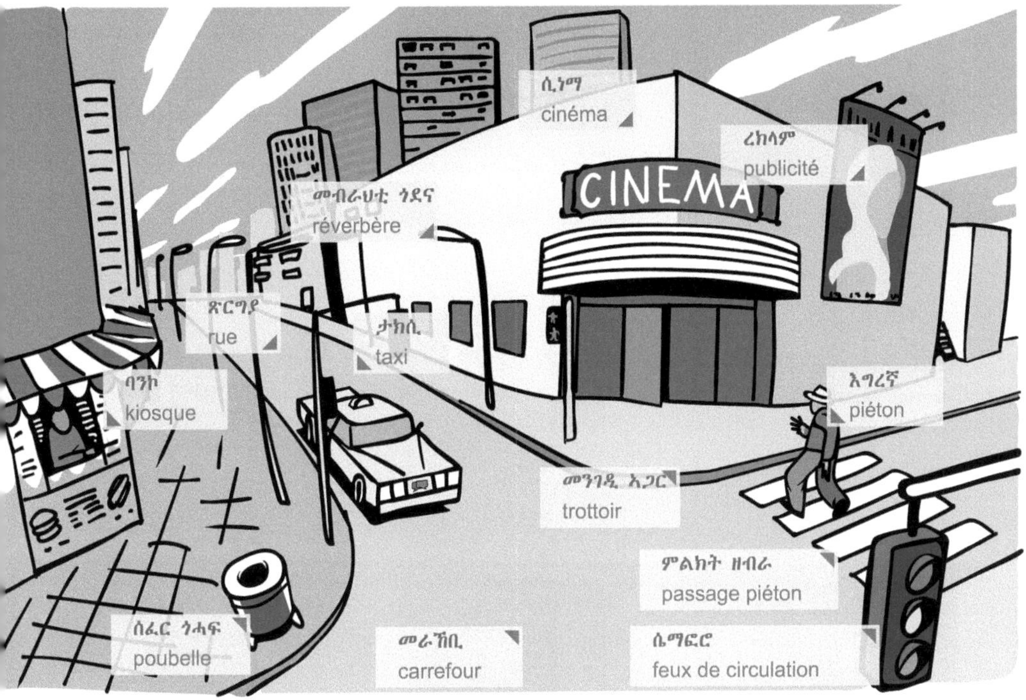
ሲነማ
cinéma
CINEMA
ረክላም
publicité
መብራህቲ ጎደና
réverbère
ጽርግያ
rue
ታክሲ
taxi
ባንኮ
kiosque
እግረኛ
piéton
መንገዲ እጋር
trottoir
ምልክት ዘብራ
passage piéton
ሰፈር ጎሓፍ
poubelle
መራኽቢ
carrefour
ሴማፎሮ
feux de circulation

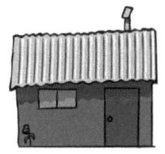

አጕዶ

cabane

ኣፓርትመንት

appartement

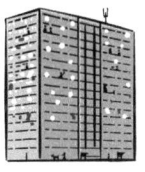

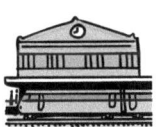

መዕረፊ ባቡር

gare

ቤት ምምሕዳር

mairie

MUSEUM

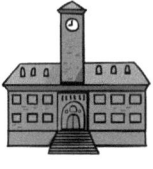

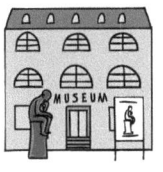

ቤተ መዘክር

musée

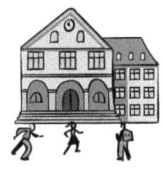

ቤት-ትምህርቲ

école

ዩኒቨርሲቲ
université

ባንክ
banque

ሆስፒታል
hôpital

መቐበሊ ኣጋይሽ
hôtel

ቤት መድሃኒት
pharmacie

ቤት ጽሕፈት
bureau

ዱኳን መጽሐፍቲ
librairie

ዱኳን
magasin

ዱኳን ዕንባባ
fleuriste

ሱፐርማርከት
supermarché

ዕዳጋ
marché

ሹቅ
grand magasin

ነጋዳይ ዓሳ
poissonnerie

ሹቅ
centre commercial

መርሳ
port

መዝናግዒ
....
parc

ባንኪ
....
banque

ድልድል
....
pont

መደያይቦ
....
escaliers

ባቡር ትሕቲ ምድሪ
....
métro

ቢንቶ
....
tunnel

መዕረፊ ኣውቶቡስ
....
arrêt de bus

ቤት መስተ
....
bar

ቤት-መግቢ
....
restaurant

ሳታሪት
....
boîte à lettres

ታቤላ
....
panneau indicateur

ሰዓት ፓርኪንግ
....
parcmètre

መካነ እንስሳታት
....
zoo

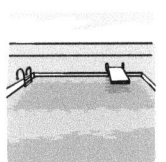

መሓምበሲ
....
piscine

መስጊድ
....
mosquée

ቤት ሕርሻ
....
ferme

ብክሳ
....
pollution

መቃብር
....
cimetière

ቤተክርስትያን
....
église

ቦታ ምጽዋት
....
aire de jeux

ቤት መቕደስ
....
temple

ስእሊ መሬት

paysage

አቝጽልቲ
feuille

መሕበሪ መገዲ
panneau indicateur

መገዲ
chemin

ሾኻ
pré

እምኒ
pierre

ኮብላሊ
randonneur

ኣግራብ
arbre

ፈለግ
rivière

ሳዕሪ
herbe

ዕንባባ
fleur

ስንጭሮ
....
vallée

ጎቦ
....
montagne

ቀላይ
....
lac

ዱር
....
forêt

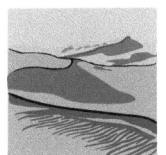

ምድረ በዳ
....
désert

እሳተ-ጎመራ
....
volcan

ግምቢ
....
château

ቀስተ-ደመና
....
arc-en-ciel

ቃንጥሻ
....
champignon

ዓርኮብኮባይ
....
palmier

ጣንጡ
....
moustique

ሃመማ
....
mouche

ጻጻ
....
fourmis

ንህቢ
....
abeille

ሳሬት
....
araignée

ሕንዚዝ

coléoptère

ዕንቅርያብ

grenouille

ምጽጹሳይ

écureuil

ቅንፍዝ

hérisson

ማንቲለ

lièvre

ጉንጎን

chouette

ጭሩ

oiseau

ስዋን

cygne

መፍለስ

sanglier

ዓጋዘን

cerf

ሙስ

élan

ግድብ

barrage

ተርባይን ንፋስ

éolienne

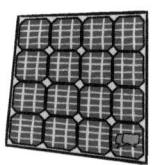

ሶሳር ስርሓት

panneau solaire

ኩነታት አየር

climat

ቤት-መግቢ
restaurant

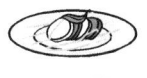

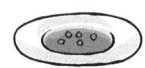

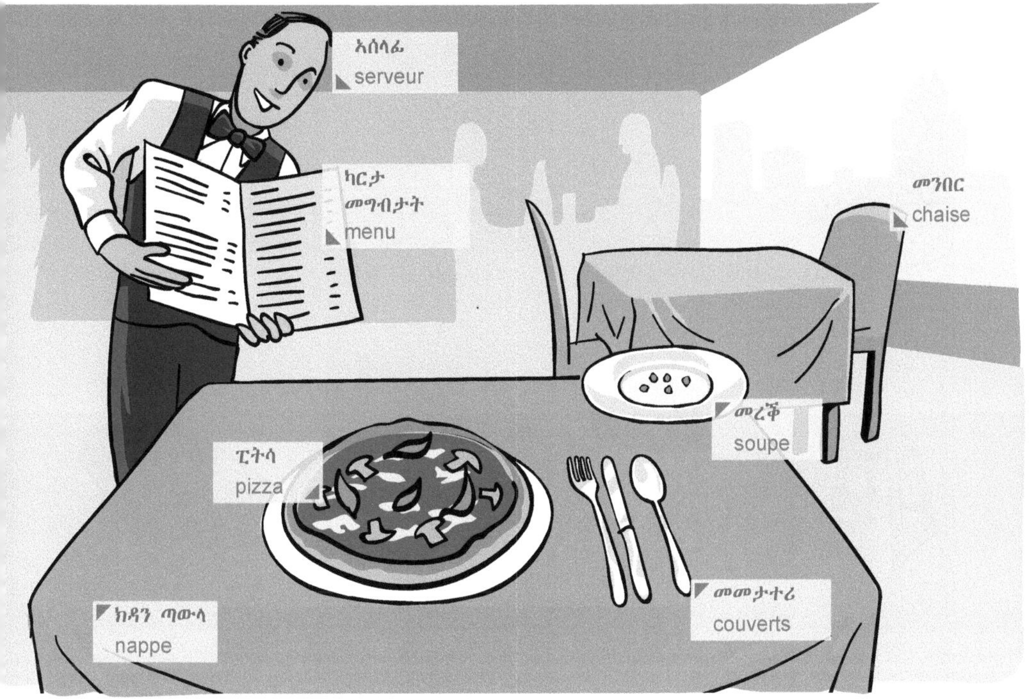
አሰላፊ
serveur
ካርታ መግብታት
menu
መንበር
chaise
መረቕ
soupe
ፒትሳ
pizza
መመታተሪ
couverts
ክዳን ጣውላ
nappe

ቅድመ ቀንዲ መግቢ
....
hors d'œuvre

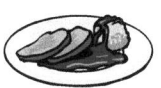

ቀንዲ መኣዲ
....
plat principal

ድሕረ መግቢ
....
dessert

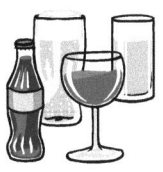

መስተ
....
boissons

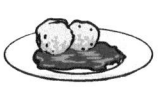

መግቢ
....
alimentation

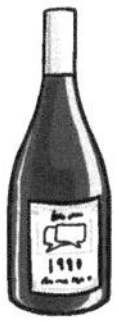

ጥርሙዝ
....
bouteille

ስሉጥ መግቢ

fast-food

መግቢ ጽርግያ

plats à emporter

ብርጭቆ ሻሂ

théière

ታኒካ ሽኮር

sucrier

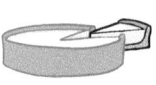

ክፋል

portion

ማሺን ኤስፕረሶ

machine à expresso

ነዊሕ መንበር

chaise haute

ጸብጻብ

facture

ታብለት

plateau

ካራ

couteau

ፋርከታ

fourchette

ማንካ

cuillère

ማንካ ሻሂ

cuillère à thé

ሰርቪየተ

serviette

ብኬሪ

verre

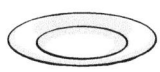

ሽሓኒ

assiette

ሽሓኒ መረቕ

assiette à soupe

ትሕቲ ኩባያ

soucoupe

ጸብሒ

sauce

ወሃቢ ጨው

salière

መጥሓን በርበረ

moulin à poivre

ኣቾቶ

vinaigre

ዘይቲ

huile

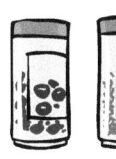

ቀመም

épices

ከቹፕ

ketchup

ኣድሪ

moutarde

ማዮነዝ

mayonnaise

ሱፐርማርከት

supermarché

ወፈያ
offre promotionnelle
FOR
ዓሚል
client
ፍርያታት ጸባ
produits laitiers
ፍረታት
fruits
ሰረገላ ዱኳን
chariot

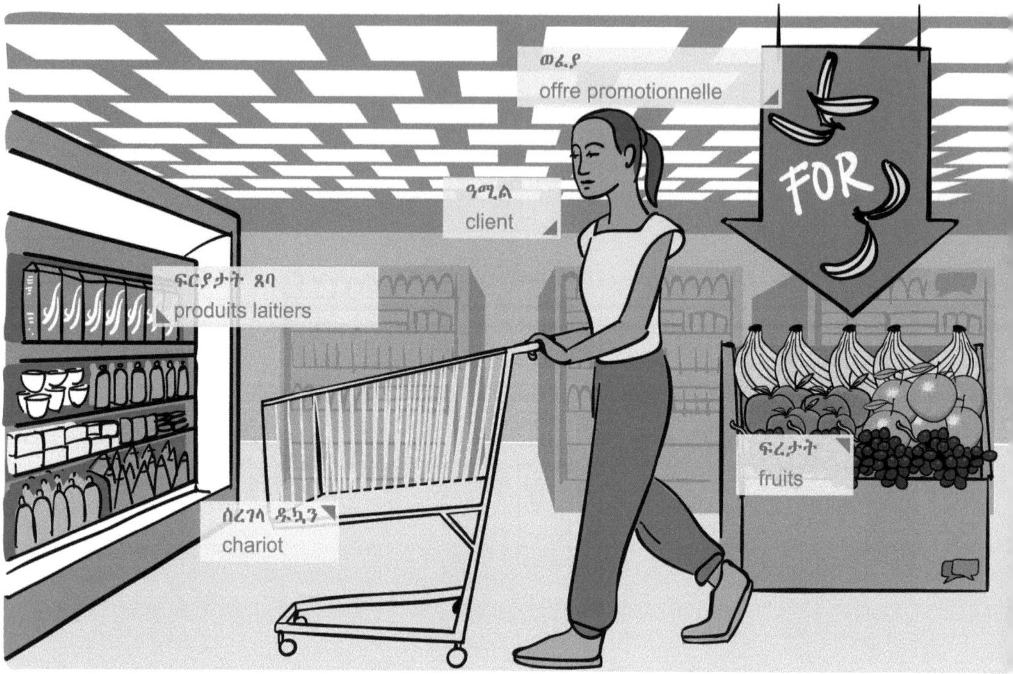

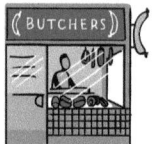

BUTCHERS

እንዳ ስጋ

boucherie

BAKERY

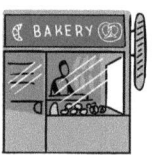

እንዳ ባኒ

boulangerie

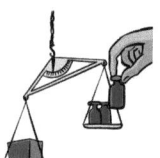

ክብደት

peser

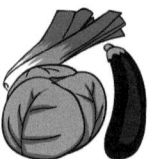

ኣሕምልቲ

légumes

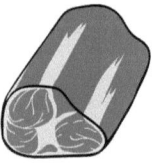

ስጋ

viande

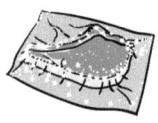

መግቢ ፍሪጅ በረድ

aliments surgelés

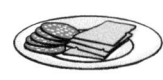

ዝሕል ቅሩብ መግቢ
....
charcuterie

እስቃጥላ
....
conserves

ኣሞ
....
poudre à lessive

ምቁር መግቢ
....
bonbons

ዘቤታውያን ኣቕሑ
....
articles ménagers

ናውቲ መጽረዪ
....
détergents

ሸቃጣይ
....
vendeuse

ካሳ
....
caisse

ተሓዝ ገንዘብ
....
caissier

ዝርዝር ምግዛእ
....
liste d'achats

ክፉት ሰዓታት
....
heures d'ouverture

ማሕፉዳ
....
portefeuille

ክረዲት ካርድ
....
carte de crédit

ሳንጣ
....
sac

ፌስታል
....
sac en plastique

ማይ

eau

ጽማቕላ

jus de fruit

ጸባ

lait

ኮላ

coca

ነቢት

vin

ቢራ

bière

ኣልኮል

alcool

ካካው

chocolat chaud

ሻሂ

thé

ቡን

café

ኤስፕረሶ

expresso

ካፑቺኖ

cappuccino

ባናና

banane

ቱፋሕ

pomme

አራንቺ

orange

ብርጭቆ

melon

ለሚን

citron

ካሮት

carotte

ጸዕዳ ሽጉርቲ

ail

ባምቡስ

bambou

ሽጉርቲ

oignon

ቅንጥሻ

champignon

ፉል

noisettes

ፓስታ

pâtes

ስፓገቲ

spaghetti

ሩዝ

riz

ሰላጣ

salade

ቅልዋ ድንሽ

pommes frites

ቅሉው ድንሽ

pommes de terre rôties

ፒትሳ

pizza

ሃምቡርገር

hamburger

ፓኒኖ

sandwich

ቢስተካ

escalope

ሰለፍ ሓሰማ

jambon

ሳላሚ

salami

ግዕዝም

saucisse

ደርሆ

poulet

ቀለወ

rôti

ዓሳ

poisson

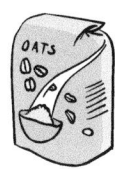

ገዓት
....
flocons d'avoine

ሙስሊ
....
muesli

ኮርንፍላይክስ
....
cornflakes

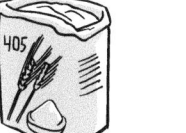

ሓርጭ
....
farine

ክሮሶን
....
croissant

ባኒ
....
petits-pains

ባኒ
....
pain

ቶስት
....
pain grillé

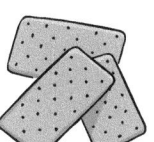

ብሽኩቲ
....
biscuits

ጠስሚ
....
beurre

ርጎኦ
....
le fromage blanc

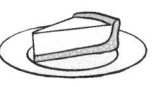

ፓስተ
....
gâteau

እንቋቍሖ
....
œuf

ቅሉው እንቋቍሖ
....
œuf au plat

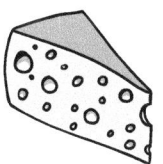

ፋርማጆ
....
fromage

አይስ ክሪም
....
glace

ሽኮር
....
sucre

መዓር
....
miel

ጅም
....
confiture

ኑጋት-ክሪም
....
crème nougat

ኩሪ
....
curry

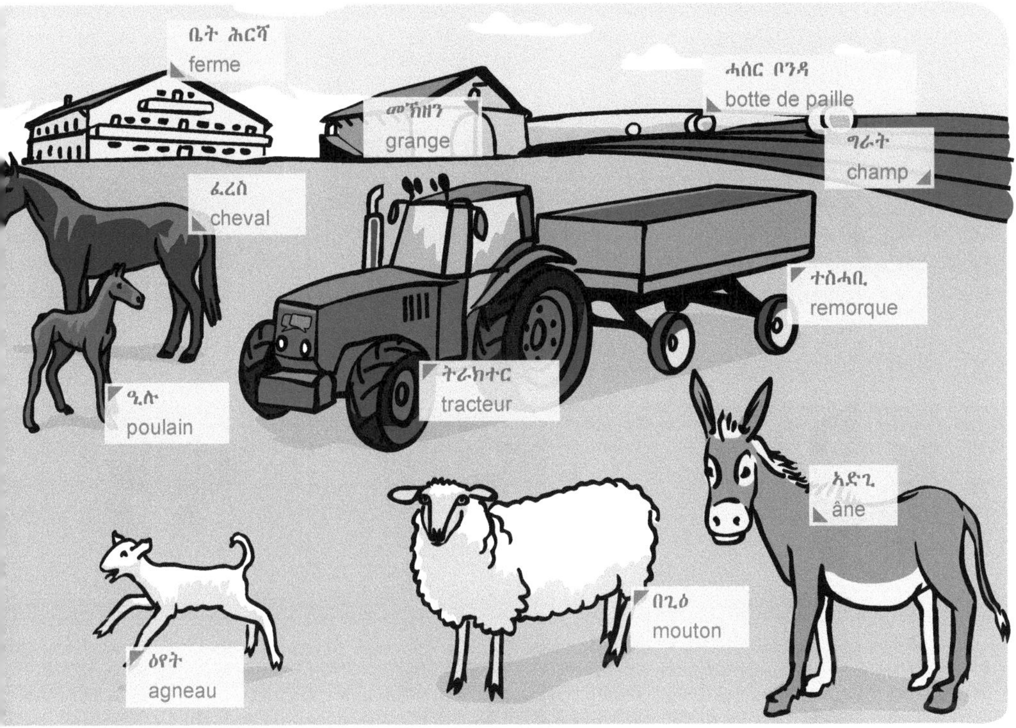

ቤት ሕርሻ
ferme

ሓሰር ቦንዳ
botte de paille

መኽዘን
grange

ግራት
champ

ፈረስ
cheval

ተስሓቢ
remorque

ጊሎ
poulain

ትራክተር
tracteur

አድጊ
âne

በጊዕ
mouton

ዕየት
agneau

ጤል

chèvre

ብዕራይ

vache

ምራኽ

veau

ሓሰማ

porc

ውላድ ሓሰማ

porcelet

ኣርሓ

taureau

ዓሳ
oie

ማይ ደርሆ
canard

ጫቑፉት
poussin

ደርሆ
poule

እርሓ ደርሆ
coq

እንጨዋ ዓባይ
rat

ድሙ
chat

እንጭዋ
souris

ብዕራይ
bœuf

ከልቢ
chien

እጉዶ ከልቢ
chenil

ቱባ ጀርዲን
tuyau de jardin

መዝፈፈ ማይ
arrosoir

ዓቢ ማዕጺድ
faucheuse

ማሕረሻ
charrue

ማዕጺድ

faucille

ጭኳሮ

pioche

መስአ

fourche

ፋስ

hache

ዓረብያ ኢድ

brouette

ጋብላ

cuve

ብርጭቆ ጸባ

pot à lait

ክሻ

sac

ሓጹር

clôture

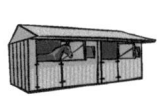

መንሰስ

étable

ቾጠልያ ገዛ

serre

ባይታ

sol

ዘርኢ

semences

ድኹዒ

engrais

ዘጣምር ቀውዓይ

moissonneuse-batteuse

ቀውዐ

récolter

ጸማ

récolte

ድንሽ ያም

igname

ስርናይ

blé

ሶያ

soja

ድንሽ

pomme de terre

ዕፉን

maïs

ራፕስ

colza

ገረብ ፍረታት

arbre fruitier

ማኒኦክ

manioc

አእኸል

céréales

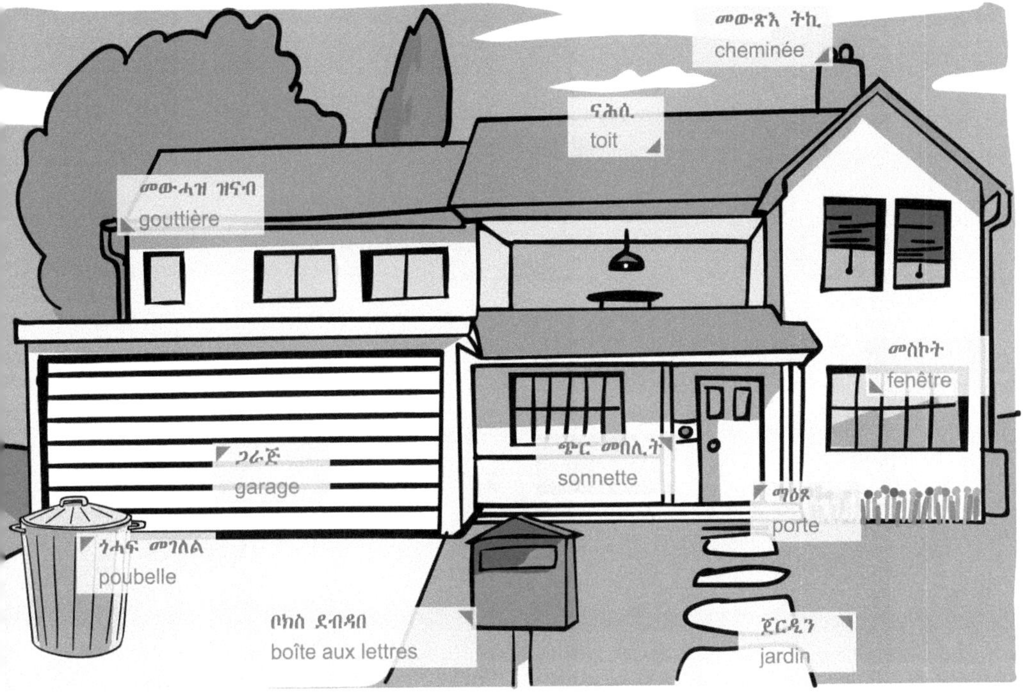

maison

መውጽእ ትኪ
cheminée

ናሕሲ
toit

መውሓዝ ዝናብ
gouttière

መስኮት
fenêtre

ጋራጅ
garage

ጭር መበሊት
sonnette

ማዕፆ
porte

ጎሓፍ መግለል
poubelle

ቦክስ ደብዳበ
boîte aux lettres

ጀርዲን
jardin

ክፍሊ ምቾማጥ

salon

ክፍሊ ባንዮ

salle de bain

ክሽነ

cuisine

ክፍሊ መደቀሲ

chambre à coucher

ክፍሊ ቆልዑ

chambre d'enfant

መመገቢ ክፍሊ

salle à manger

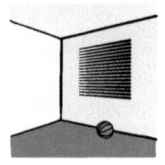

ባይታ
....
sol

መንደቅ
....
mur

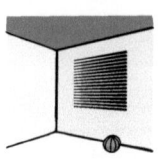

ከበርታ
....
plafond

ካንቲና
....
cave

ሳውና
....
sauna

ባልኮን
....
balcon

ዛላ
....
terrasse

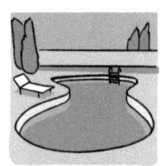

መሕምበሲ
....
piscine

መቑረጺ ሳዕሪ
....
tondeuse à gazon

አንሶላ ዓራት
....
housse

ከበርታ ዓራት
....
couette

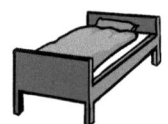

ዓራት
....
lit

መኾስተር
....
balai

መገለል
....
sceau

መወልዒት
....
interrupteur

ክፍሊ ምቕማጥ

salon

ወረቐት መንደቕ
papier peint
ስእሊ
image
ላምፓ
lampe
ከብሒ
étagère
ከብሒ
armoire
ተለቪዥን
télé
መውጽኢ ትኪ ኣብ ገዛ
cheminée
ዕንባባ
fleur
መተርኣስ
coussin
ሳሎን
sofa
ባዞ
vase
ሪሞት
télécommande

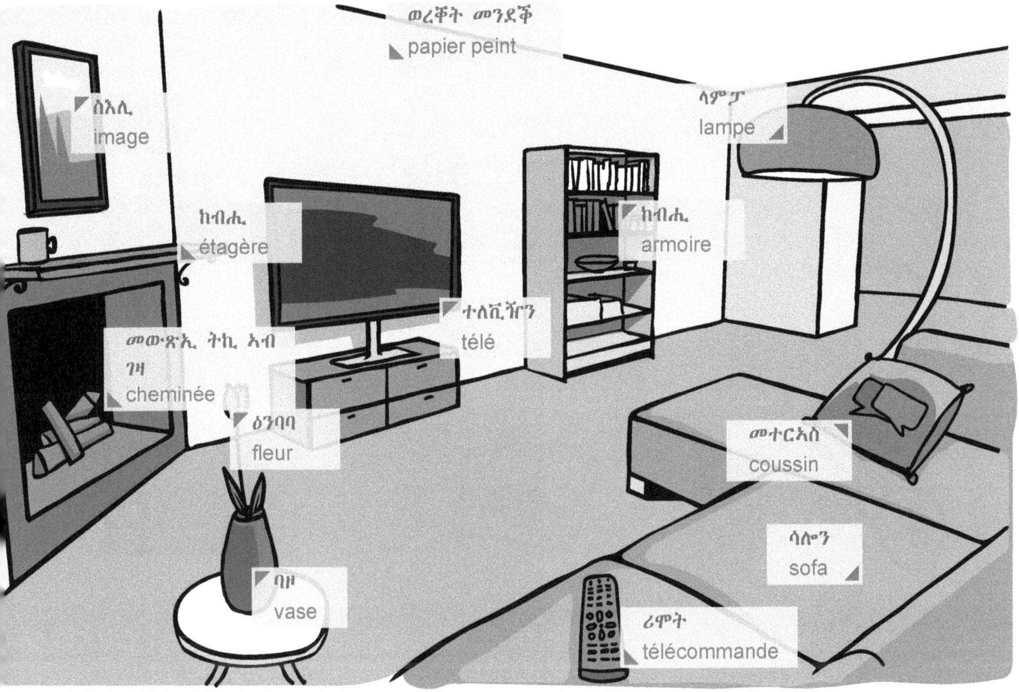

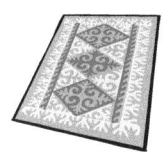

መንጸፍ

tapis

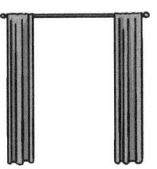

መጋረጃ

rideau

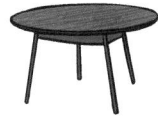

ጣውላ

table

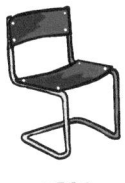

መንበር

chaise

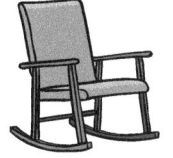

ሰለል ዝብል መንበር

chaise à bascule

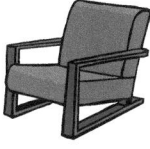

መንበር ምቹእ

fauteuil

መጽሓፍ

livre

ከቦርታ

couverture

ስልማት

décoration

እንጨይቲ ሓዊ

bois de chauffage

ፊልም

film

ስተሪዮ

chaîne hi-fi

መፍትሕ

clé

ጋዜጣ

journal

ቅብአ

peinture

ፖስተር

poster

ረድዮ

radio

ጥራዝ

bloc-notes

መልገሲ ደሮና

aspirateur

በለስ

cactus

ሽምዓ

bougie

ሚክሮቨላ
four à micro-ondes

መዝሓሊ
réfrigérateur

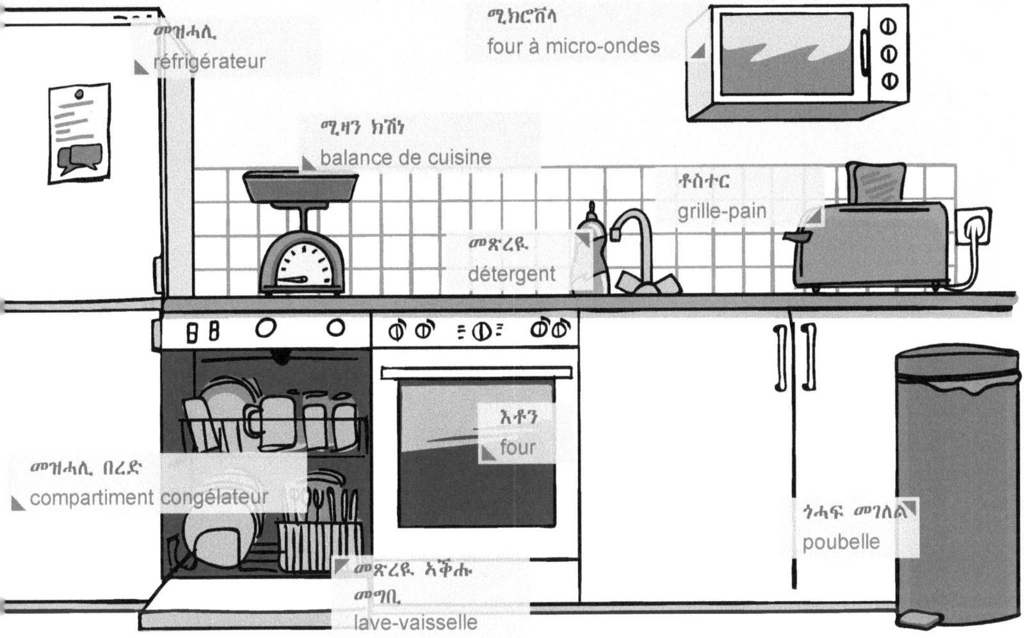

ሚዛን ክሽን
balance de cuisine

ተስተር
grille-pain

መጽረዪ
détergent

እቶን
four

መዝሓሊ በረድ
compartiment congélateur

ጎሓፍ መገለል
poubelle

መጽረዪ አቕሑ
መግቢ
lave-vaisselle

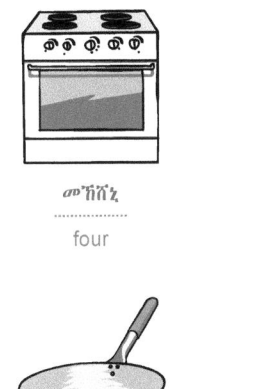

መኸሸኒ	ድስቲ	ድስቲ ሓጺን
four	casserole	marmite

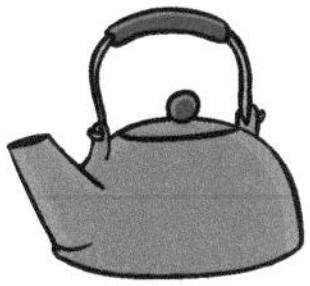

ቦክ/ካዳይ	ባደላ	መውዓዪ ማይ
wok / kadai	poêle	bouilloire electrique

መፍልሒ

cuiseur vapeur

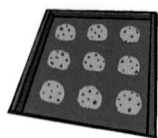

ጋንቴራ ምስንካት

plaque de cuisson

አቕሑ መግቢ

vaisselle

ብርጭቆ

gobelet

ጭሓሎ

coupe

ማንካቸና

baguettes

ማንካ መረቕ

louche

መገልበጢ ባደላ

spatule

መኽስተር ውርጪ

fouet

መንፊት መግቢ

passoire

መንፊት

tamis

መፋሕፍሒ

râpe

ሞርታር

mortier

ባርቢክዩ

barbecue

ስፍራ ሓዊ

cheminée

እንጨይቲ ምምታር
planche à découper

እንጨይቲ ኮረሪ
rouleau à pâtisserie

መኽፈት ቡሽ
tire-bouchon

ታኒካ
boîte

መኽፈቲ ታኒካ
ouvre-boîte

ጨርቂ ድስቲ
maniques

ቡምባ
lavabo

አስባስላ
brosse

ሰፍነግ
éponge

ሓዋሲ አደባላቒ
mixeur

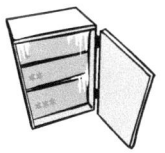

መዝሓሊ በረድ
congélateur

ጥርሙዝ ማማይ
biberon

ቡምባ ማይ
robinet

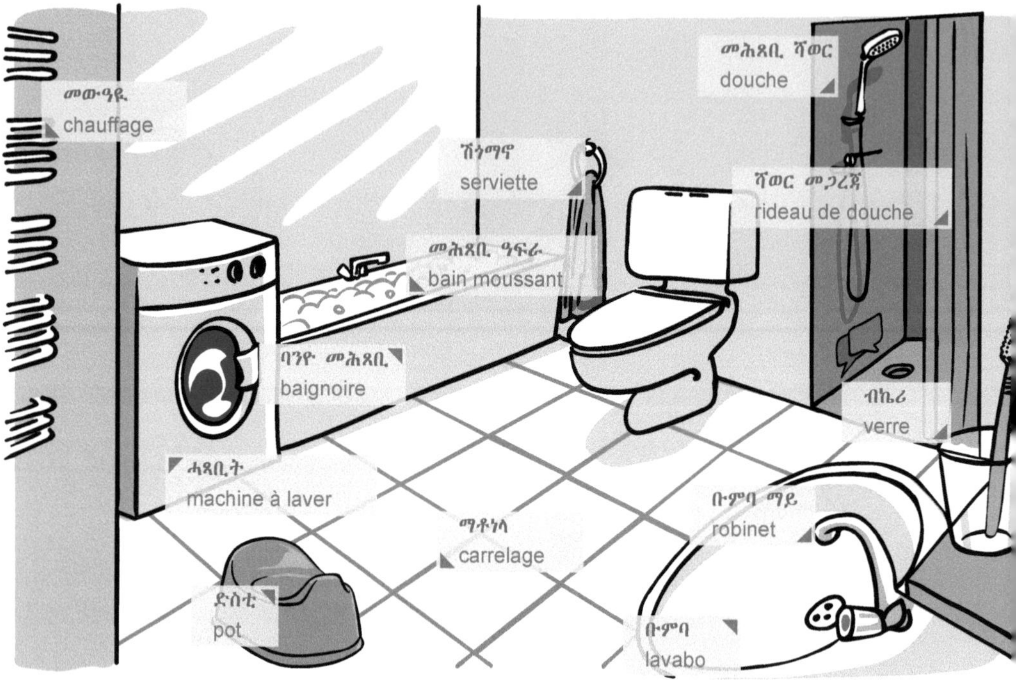

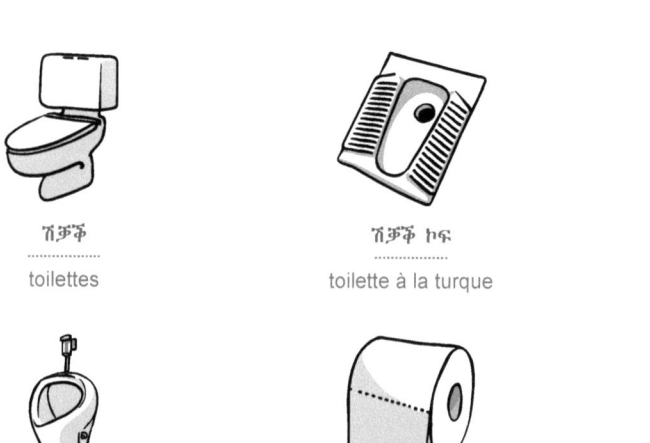

መውዓዪ
chauffage

ሽጎማኖ
serviette

መሕጸቢ ዓፍራ
bain moussant

ባንዮ መሕጸቢ
baignoire

ሓጸቢት
machine à laver

ድስቲ
pot

ማቶነላ
carrelage

መሕጸቢ ሻወር
douche

ሻወር መጋረጃ
rideau de douche

ብኬሪ
verre

ቡምባ ማይ
robinet

ቡምባ
lavabo

ሽቓቕ	ሽቓቕ ኮፍ	በዱ
toilettes	toilette à la turque	bidet
ሽቓቕ ተባዕታይ	ወረቐት ሽቓቕ	ኣስባስላ ሽቓቕ
urinoir	papier toilette	brosse à toilette

አስባስላ ስኒ

brosse à dents

ክሬማ ስኒ

dentifrice

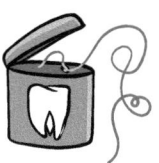

ሃሪ ስኒ

fil dentaire

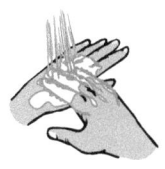

ሓጸብ

laver

ዱሽ ኢድ

douche manuelle

ዱሽ

douche intime

ብርጭቆ ምሕጸብ

vasque

አስባስላ ሕቆ

brosse dorsale

ሳምና

savon

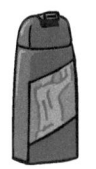

ሻወር ጀል

gel douche

ሻምፑ

shampooing

ጨርቂ መሕጸቢ

gant de toilette

መውሓዚ

écoulement

ክሬማ

crème

ደዮ ጨና

déodorant

መስትያት

miroir

ናይ ኢድ መስትያት

miroir cosmétique

መላጸ

rasoir

ዓፍራ ምልጻይ

mousse à raser

ጨና ድሕሪ ምልጻይ

après-rasage

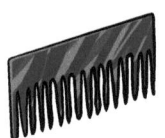

መመሸጥ

peigne

አሰባስላ

brosse

መንቐጺ ጸጉሪ

sèche-cheveux

ስፕረይ ጸጉሪ

laque pour cheveux

መመላኽዒ

fond de teint

ብርዒ ቀለም ከንፈር

rouge à lèvres

አዝማልቶ

vernis à ongles

ጸምሪ ጡጥ

ouate

መስደዲ ጽፍሪ

coupe-ongles

ጨና

parfum

ሳንጣ መሕጸቢ
....
trousse de toilette

ድኳ
....
tabouret

ሚዛን
....
pèse-personne

ክዳን መሕጸቢ
....
peignoir

ጓንቲ መጽረዪ
....
gants de nettoyage

ታምፓን
....
tampon

ጨርቂ ሰበይቲ
....
serviettes hygiéniques

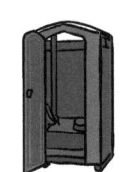

ሽቓቕ ከሚስትሪ
....
toilette chimique

ክፍሊ ቆልዑ

chambre d'enfant

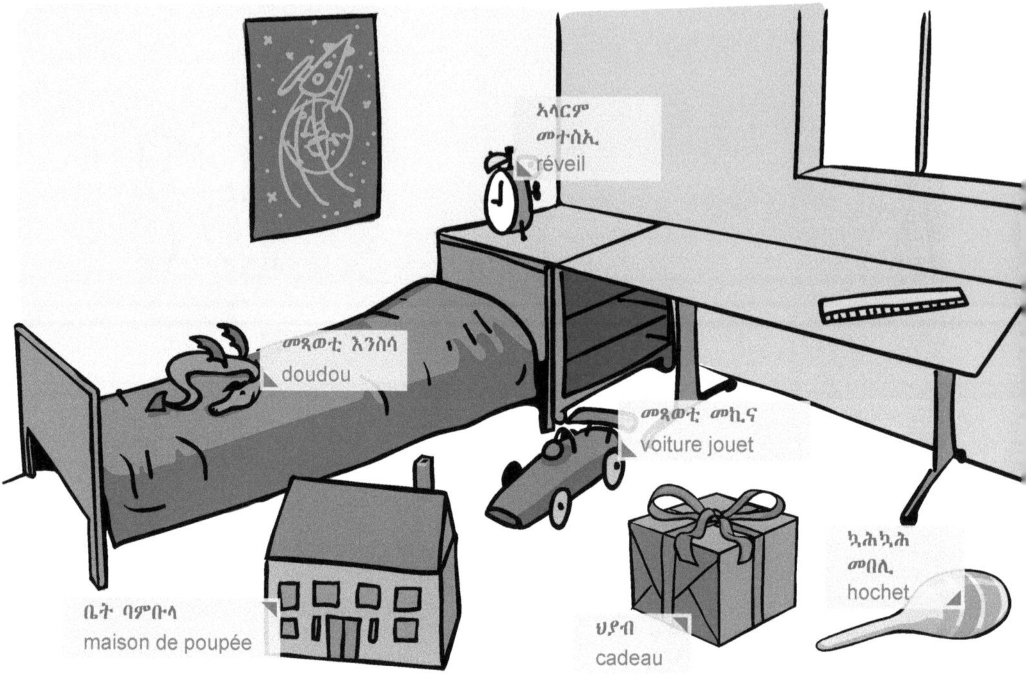

ኣላርም
መተስኢ
réveil
መጻወቲ እንስሳ
doudou
መጻወቲ መኪና
voiture jouet
ቤት ባምቡላ
maison de poupée
ህያብ
cadeau
ኳሕኳሕ
መበሊ
hochet

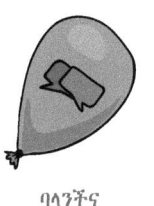

ባላንችና

ballon

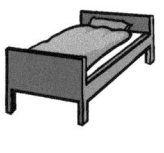

ዓራት

lit

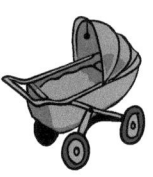

ሰረገላ ህጻን

poussette

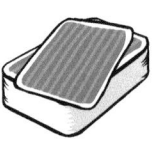

ጸወታ ካርታ

jeu de cartes

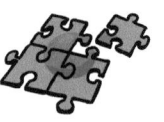

ሕንቅሊተይ

puzzle

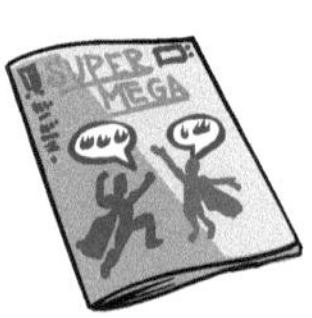

ኮሜዲ

bande dessinée

እምንታት መጻወቲ ለጎ
....
pièces lego

መጻወቲ እምንታት
....
blocs de construction

በዓል አክቿን
....
figurine

ክዳን ማማይ
....
grenouillère

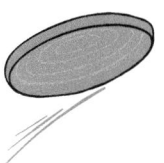

ፍሪስቢ
....
frisbee

ሞባይል ማማይ
....
mobile

ጸወታ ሰሌዳ
....
jeu de société

ኩቦ
....
dé

ሞደል ባቡር ምድሪ
....
train miniature

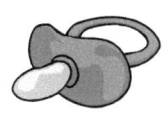

ዓባስ
....
sucette

ፓርቲ
....
fête

መጽሓፍ ስእሊ
....
livre d'images

ኩዕሶ
....
balle

ባምቡላ
....
poupée

ተጻወተ
....
jouer

መጻወቲ ሓጺ

bac à sable

ሰላል

balançoire

መጻወቲታት

jouets

ኮንሶል ቪድዮ

console de jeu

መጻወቲ ሰለስተ መንኮርኮር

tricycle

ተዲ

ours en peluche

ከብሒ ክዳን

armoire

ክዳን

vêtements

ካልስታት

chaussettes

ነዊሕ ካልስታት

bas

ስረ ካልሲ

collant

ሻርባ
écharpe

ጽላል
parapluie

ቁልፊ
ceinture

ማልያ
t-shirt

ረፉዕ
bottes

ጫማ ገዛ
pantoufles

ስኒከርስ
baskets

ሸበጥ
....
sandales

ጫማ
....
chaussures

ረፉዕ ጎማ
....
bottes de caoutchouc

ሙታንታ
....
sous-vêtements

ክዳን ጡብ
....
soutien-gorge

ትሕተ ካሚቻ
....
maillot de corps

ክዳን - vêtements 45

ቦዲ
body

ስራ
pantalon

ጂንስ
jean

ቀምሽ
jupe

ካምቻ
chemisier

ካሚቻ
chemise

ጉልፎ
pull

ጎልፎ
sweat à capuche

ጃኬት
veste

ጃከት
veste

ጁባ
manteau

ክዳን ዝናብ
imperméable

ኮስቱም
costume

ቀምሽ
robe

ቀምሽ መርዓ
robe de mariée

ልብሲ.

costume

ካሚቻ ለይቲ

chemise de nuit

ክዳን ለይቲ

pyjama

ሳሪ

sari

መሃረብ ርእሲ.

foulard

ቱርባን

turban

ቡርካ

burqa

ካፍታን

caftan

አባያ

abaya

ክዳን መሕምበሲ.

maillot de bain

ስረ መሕምበሲ.

maillot de bain

ሓጺር ስረ

short

ክዳን ታዕሊም

tenue d'entraînement

በጃ ክዳን

tablier

ጓንቲ

gants

መልጎም
....
bouton

መነጽር
....
lunettes

በነናጅር
....
bracelet

ማዕተብ
....
collier

ቀለበት
....
bague

ኩትሻ
....
boucle d'oreille

ቆብዕ
....
bonnet

መንበሪ ጁባ
....
cintre

ባርኔጣ
....
chapeau

ካርራቫት
....
cravate

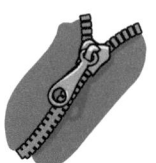

ሻርኔጣ
....
fermeture éclair

ሀልመት
....
casque

መድልደል ስረ
....
bretelles

ድቢዛ ቤትትምህርቲ
....
uniforme scolaire

ድቢዛ
....
uniforme

ሰደርያ ቆልዓ

bavoir

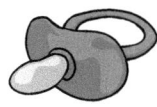

ዓባስ

sucette

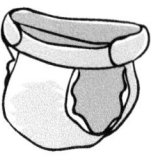

ጨርቂ ማማይ

lange

ቤት ጽሕፈት

bureau

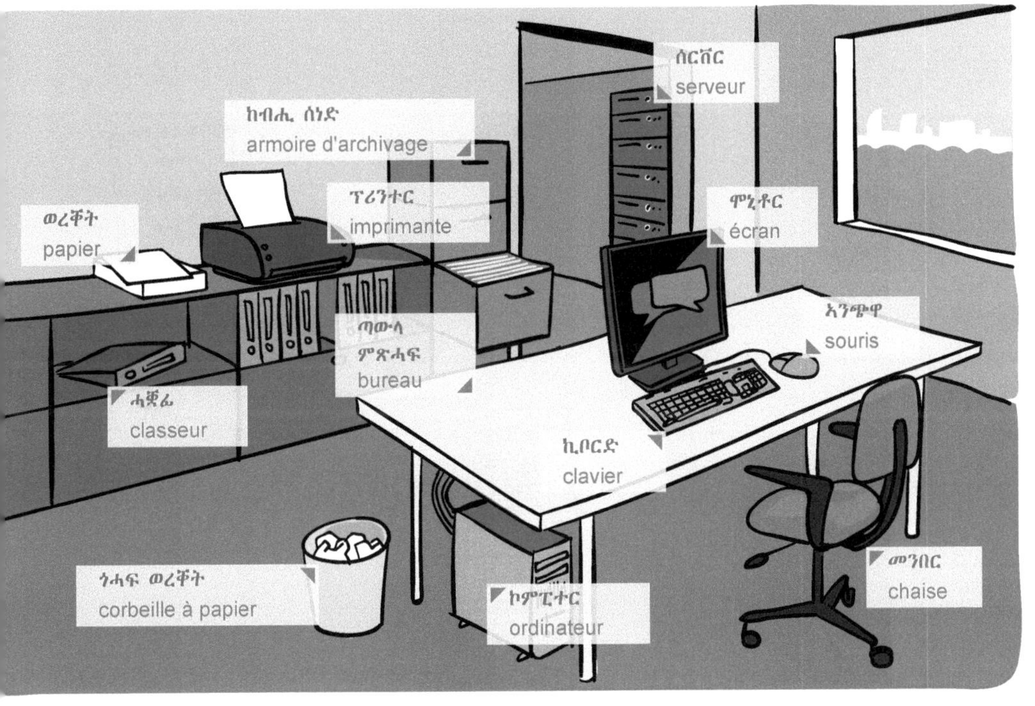

ሰርቨC
serveur

ከብሒ ሰነድ
armoire d'archivage

ፕሪንተC
imprimante

ሞኒተC
écran

ወረቐት
papier

ጣውላ
ምጽሓፍ
bureau

አንጭዋ
souris

ሓጺሪ
classeur

ኪቦርድ
clavier

ጐሓፍ ወረቐት
corbeille à papier

ኮምፒተC
ordinateur

መንበC
chaise

ብርጭቆ ቡን

tasse de café

ካልኩለተC

calculatrice

ኢንተርነት

internet

ለፕቶፕ

ordinateur portable

ደብዳበ

lettre

መልእኽቲ

message

ሞባይል

portable

ነትወርክ/መርበብ

réseau

መቕድሒ ፎቶኮፒ

photocopieuse

ሶፍትዌር

logiciel

ተለፎን

téléphone

ሶከት ኳረንቲ

prise

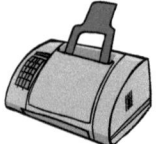

ፋክስ

fax

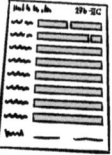

ፎርም

formulaire

ሰነድ

document

ገዛእ

acheter

ከፈለ

payer

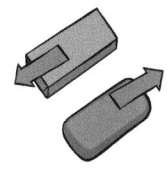

ንግዲ

faire du commerce

ገንዘብ

monnaie

ዶላር

dollar

አይሮ

euro

የን

yen

ሩብል

rouble

ስዊዝ ፍራንከን

franc suisse

ረንሚንቢ ዩዋን

renminbi yuan

ሩፕየ

roupie

መውጽኢ ማሺን ገንዘብ

distributeur automatique

በታ ቅያር ገንዘብ
....
bureau de change

ወርቂ
....
or

ብሩር
....
argent

ዘይቲ
....
pétrole

ሓይሊ
....
énergie

ዋጋ
....
prix

ውዕል
....
contrat

ቀረጽ
....
taxe

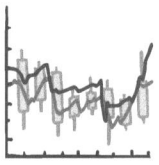

እኩብ ጥረ-ነገራት
....
action

ሰርሐ
....
travailler

ሰራሕተኛ
....
employé

ኣስራሒ
....
employeur

ትካል
....
usine

ዱኳን
....
magasin

ሞያታት

professions

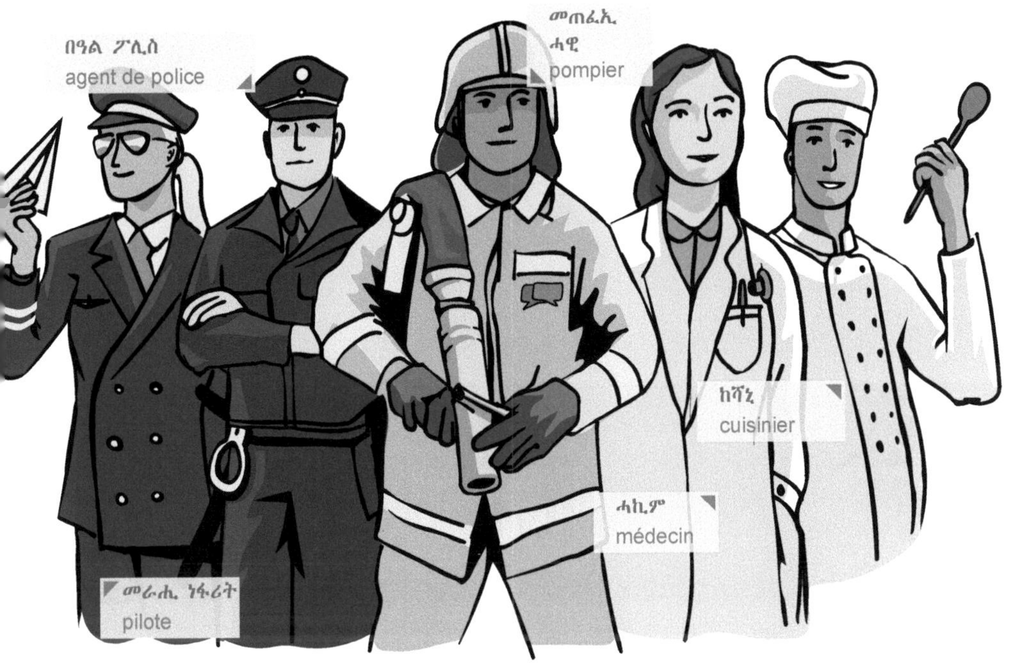
በዓል ፖሊስ
agent de police
መጠፈኢ
ሓዊ
pompier
ከሻኒ
cuisinier
ሓኪም
médecin
መራሒ ነፋሪት
pilote

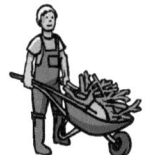

ሰራሕተኛ ጀርዲን

jardinier

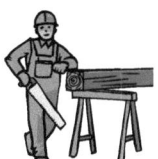

ጸራቢ ዕንጸይቲ

menuisier

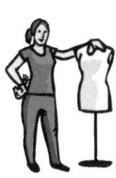

ሰፋይት

couturière

ፈራዳይ

juge

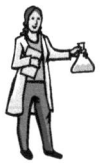

ቀማሚ

chimiste

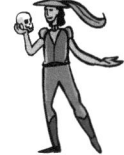

ተዋሳኢ

acteur

መራሒ አዉቶቡስ

conducteur de bus

አዉቲስታ ታክሲ

chauffeur de taxi

ገፋሪ ዓሳ

pêcheur

ጸራጊት

femme de ménage

ሃናጻይ ናሕሲ

couvreur

አሰላሪ

serveur

ሃዳናይ

chasseur

ሰኣላይ

peintre

እንዳ ሕብስቲ

boulanger

ኤለትሪከኛ

électricien

ሃናጺ አባይቲ

ouvrier

ሃንዳሲ

ingénieur

ሰራሕተኛ እንዳ ስጋ

boucher

ድራብሊኮ

plombier

አማላላሲ ፖስጣ

facteur

ወተሃደር

soldat

መሃንድስ

architecte

ተሓዝ ገንዘብ

caissier

ሰራሕተኛ ዕምባባ

fleuriste

ቀምቃማይ

coiffeur

ፈተሪኖ

contrôleur

መካኒክ

mécanicien

መራሒ መርከብ

capitaine

ሓኪም ስኒ

dentiste

ተመራማሪ

scientifique

ራቢ

rabbin

ኢማም

imam

ፈላሲ

moine

ቀሺ

prêtre

ሞያታት - professions

55

ናውቲ

outils

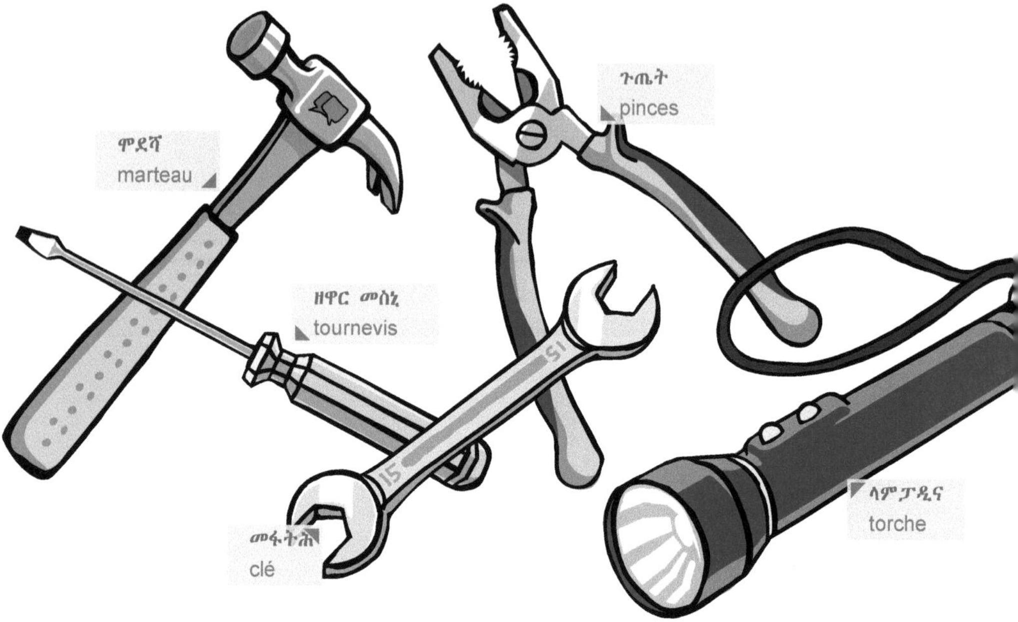
ሞደሻ
marteau
ጉጤት
pinces
ዘዋር መስኒ
tournevis
መፋትሕ
clé
ላምፓዲና
torche

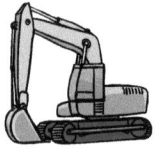

ፈሓሪ

pelleteuse

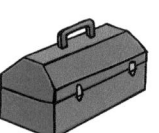

ናውቲ ቦክስ

boîte à outils

መደያይቦ

échelle

መጋዝ

scie

መስማር

clous

ኰዓቲ

perceuse

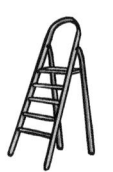

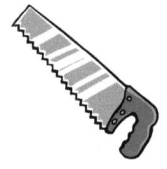

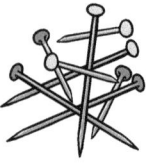

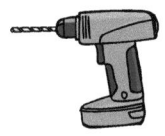

ምዕራይ

réparer

ባደላ

pelle

ኣይ!

Mince !

መትሓዚ ዶሮና

pelle

ድስቲ ቀለም

pot de peinture

ካቾቢተ

vis

መሳርሒ ሙዚቃ
instruments de musique

ከቦሮታት
batterie

እስፒከር
haut-parleurs

ጊታር
guitare

ረጉድ ዓባይ
ጊታር
contrebasse

ትሮምፐት
trompette

ፒያኖ
....
piano

ቪዮሊን
....
violon

ባስ ጊታር
....
basse

ቲምፓኒ
....
timbales

ከበሮ
....
tambour

ኦርጋን
....
piano électrique

ሳክሶፎን
....
saxophone

ሻምብቆ
....
flûte

ሚክሮፎን
....
microphone

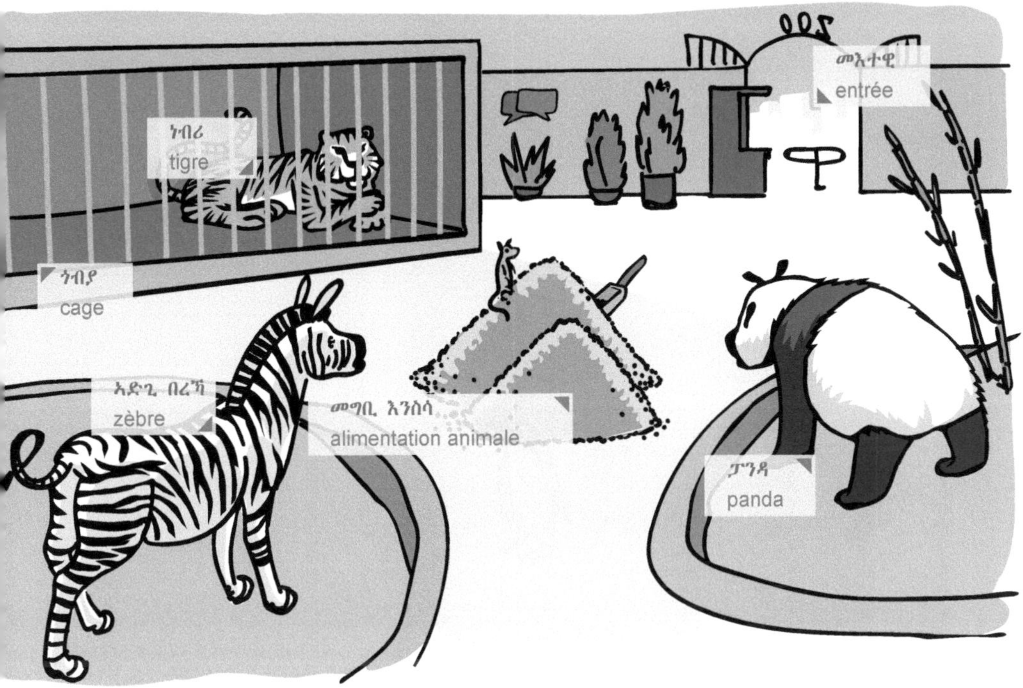

ነብር
tigre

መእተዊ
entrée

ጎብያ
cage

አድጊ በረኻ
zèbre

መግቢ እንስሳ
alimentation animale

ፓንዳ
panda

እንስሳታት
animaux

ሓርማዝ
éléphant

ካንጋሩ
kangourou

ሓሪሽ
rhinocéros

ጉሪላ
gorille

ድቢ
ours

ገመል

chameau

ሰገን

autruche

አንበሳ

lion

ህበይ

singe

ፍላሚንጎ

flamand rose

ሕንጻይ

perroquet

ድቢ በረድ

ours polaire

ፐንጉን

pingouin

ከልቢ ዓሳ

requin

ጣውስ

paon

ተመን

serpent

ሓርገጽ

crocodile

ሓላዊ ቤት ገርድሽ

gardien de zoo

ዓሳ ዚምገብ እንስሳ ባሕሪ

phoque

ጃጉር

jaguar

ሓጹር ፈረስ
poney

ነብሪ
léopard

ጉማሬ
hippopotame

ጂራፍ
girafe

ሊላ
aigle

መጽለስ
sanglier

ዓሳ
poisson

ጎብየ
tortue

ዋልሩስ
morse

ወኻርያ
renard

ሰስሓ
gazelle

ናይ አሜሪካ ኩዕሶ እግሪ
american Football

ምዝዋር ብሽግለታ
cyclisme

ተኒስ
tennis

ባስከትባል
basket-ball

ምሕምባስ
natation

ቦክሲንግ
boxe

ሆኪ በረድ
hockey sur glace

ኩዕሶ እግሪ
football

ባድሚንተን
badminton

እስፖርታዊ ንጥፈታት
athlétisme

ኩዕሶ ኢድ
handball

ስኪ
ski

ፖሎ
polo

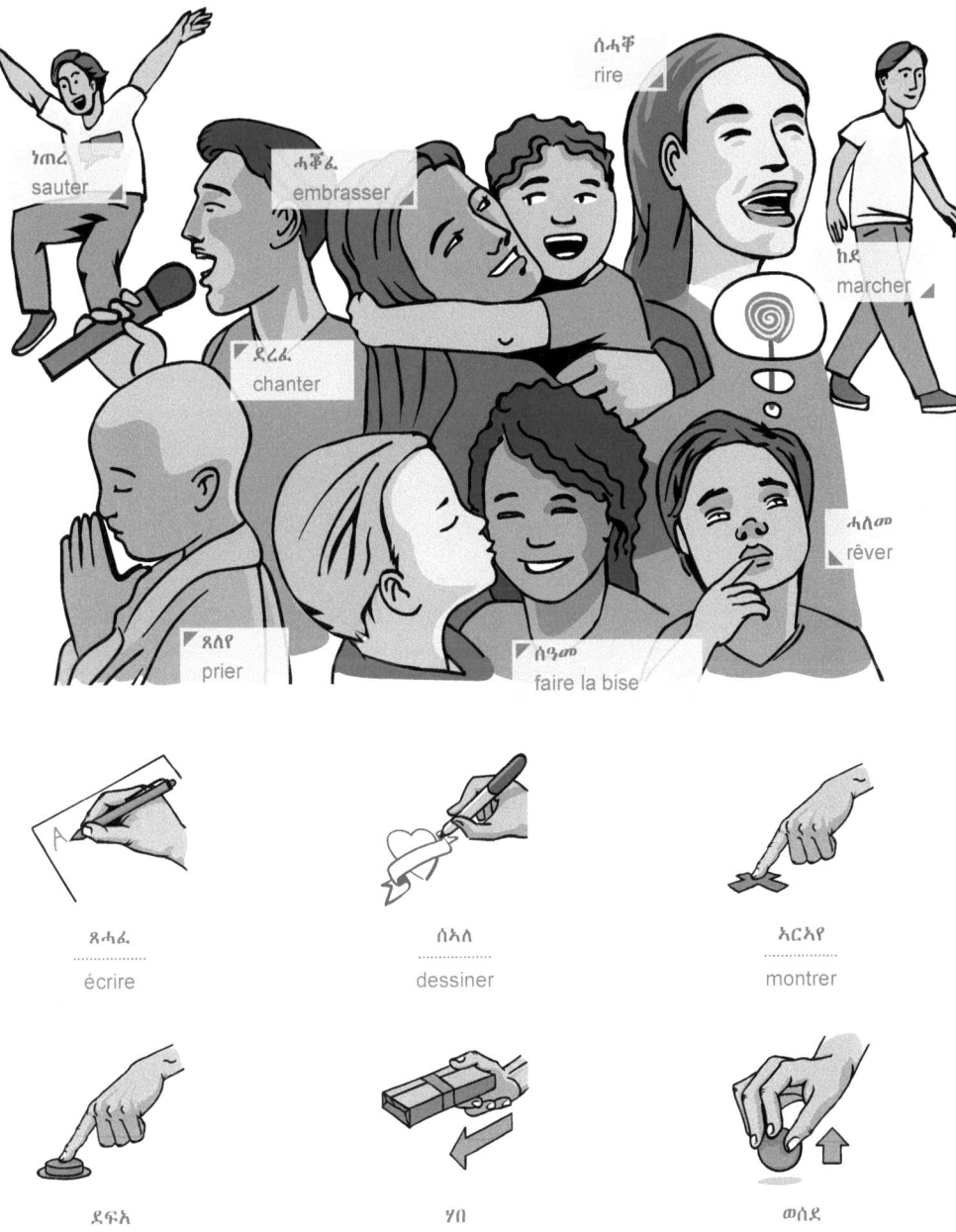

ሰሓቐ
rire

ነጠረ
sauter

ሓቘፈ
embrasser

ከደ
marcher

ደረፈ
chanter

ሓለመ
rêver

ጸለየ
prier

ሰዓመ
faire la bise

ጸሓፈ
écrire

ሰኣለ
dessiner

ኣርኣየ
montrer

ደፍአ
pousser

ሃበ
donner

ወሰደ
prendre

አለወ

avoir

ገበረ

faire

ኮነ

être

ጠጠው በለ

être debout

ጎየየ

courir

ሰሓበ

trier

ሰንደወ

jeter

ወደቐ

tomber

ሓሰወ

être couché

ተጸበየ

attendre

ሰከም

porter

ኮፍ በለ

être assis

ተኸድነ

s'habiller

ደቀሰ

dormir

ተሰአ

se réveiller

ረአየ

regarder

በኸየ

pleurer

ብኣጻብዑ ደረዘ

caresser

መሽጠ

peigner

ተዛረበ

parler

ተረድአ

comprendre

ሓተተ

demander

ሰምዐ

écouter

ሰተየ

boire

በልዐ

manger

ኣቐመጠ

ranger

ኣፍቀረ

aimer

ከሸነ

cuire

ዘወረ

conduire

ነፈረ

voler

ንጥፈታት - activités

ብመርከብ ገየሽ

faire de la voile

ደመረ

calculer

አንበበ

lire

ተመሃረ

apprendre

ሰርሐ

travailler

መርዓወ

se marier

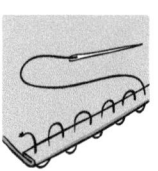

ሰፈየ

coudre

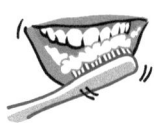

ጽሬት አስናን

brosser les dents

ቀተለ

tuer

ሽጋራ ተከሸ

fumer

ሰደደ

envoyer

ስድራቤት

famille

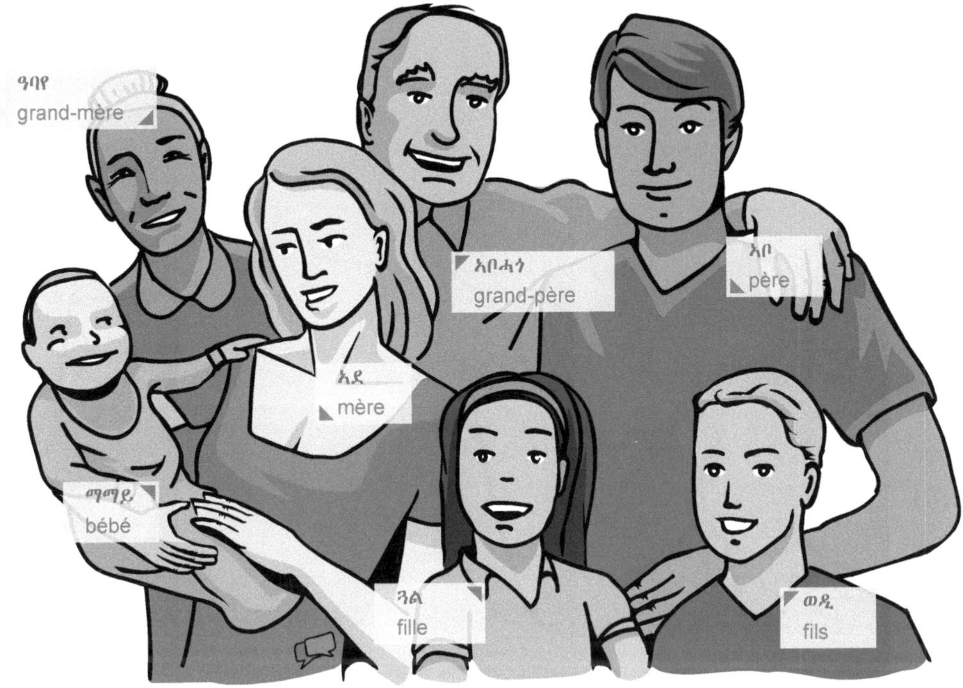
ዓባየ
grand-mère
ኣቦሓጎ
grand-père
ኣቦ
père
ኣደ
mère
ማማይ
bébé
ጓል
fille
ወዲ
fils

ጋሻ

....

hôte

ሓትኖ

....

tante

ኣኮ

....

oncle

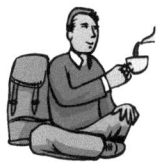

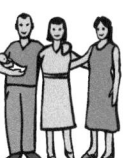

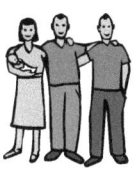

ሓው

....

frère

ሓፍቲ

....

sœur

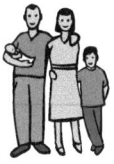

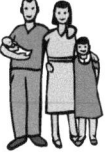

ኣካላት

corps

ግንባር
front
ዓይኒ
œil
መንኩብ
épaule
ኣጻብዕ
doigt
ገጽ
visage
መንከስ
menton
ኢድ
main
ሽፋን እግሪ
jambe
ኣፍ-ልቢ
poitrine
ምናት
bras

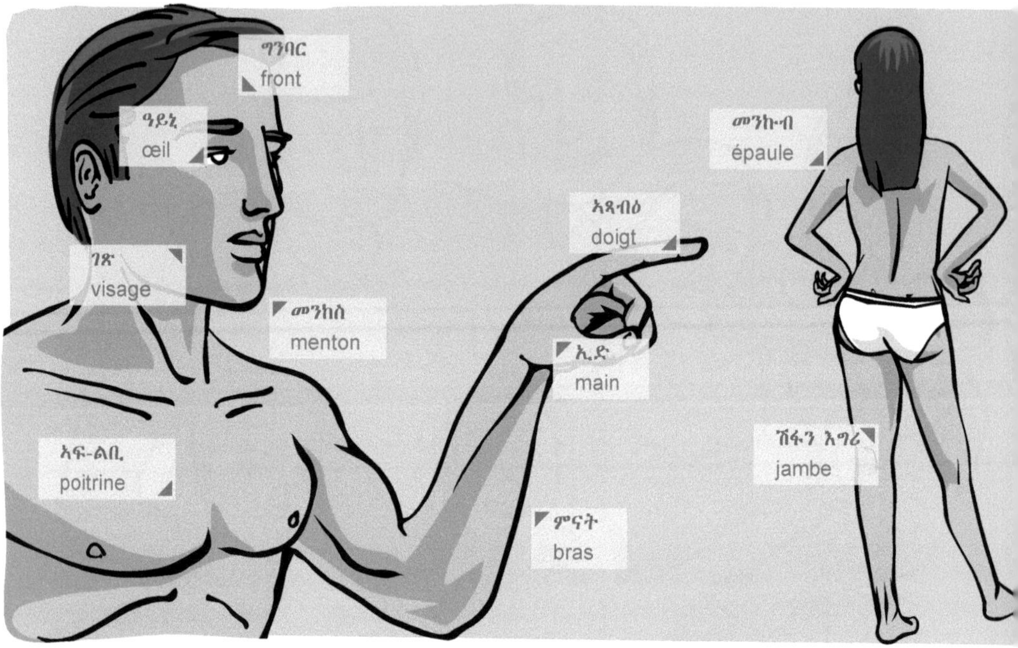

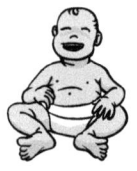

ማማይ
bébé

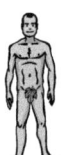

ሰብኣይ
homme

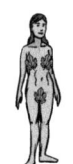

ሰበይቲ
femme

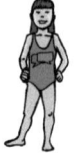

ጓል
fille

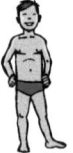

ወዲ
garçon

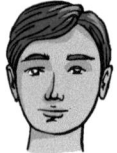

ርእሲ
tête

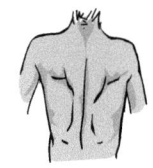

ሕቖ
....
dos

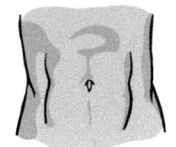

ከስዐ
....
ventre

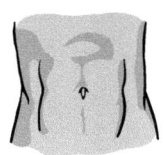

ሕምብርቲ
....
nombril

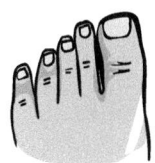

ኣጻብዕ እግሪ
....
orteil

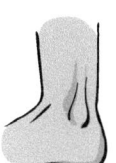

ኩርኹረ
....
talon

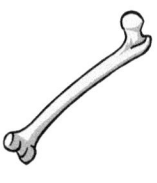

ዓጽሚ
....
os

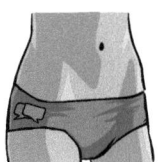

ምሕኮልቲ
....
hanche

ብርኪ
....
genou

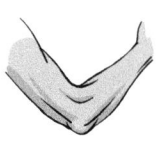

ፍግፍጕ
....
coude

ኣፍንጫ
....
nez

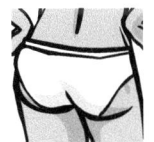

መዓኮር
....
fesses

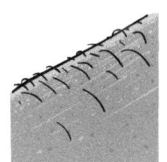

ቆርበት
....
peau

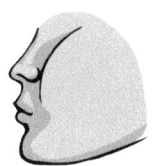

ምዕጕርቲ
....
joue

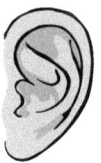

እዝኒ
....
oreille

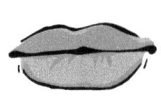

ከንፈር
....
lèvre

አፍ

bouche

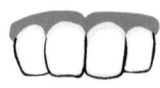

ስኒ

dent

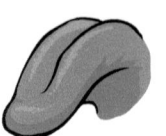

መልሓስ

langue

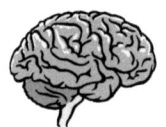

ሓንጎል

cerveau

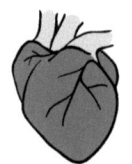

ልቢ

cœur

ጭዋዳ

muscle

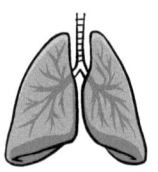

ሳንቡእ

poumons

ጸላም ከብዲ

foie

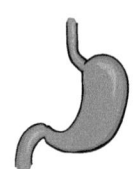

ከብዲ

estomac

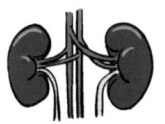

ኮሊት

reins

ግብረ ስጋ

rapport sexuel

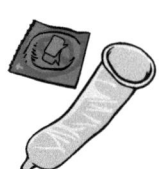

ኮንዶም

préservatif

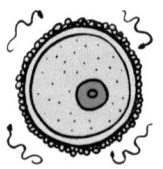

እንቋቑሓ

ovule

ዘርኢ ተባዕታይ

sperme

ጥንሲ

grossesse

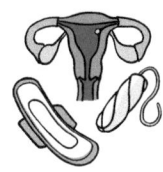

ጽግያት
....
menstruation

ርሕሚ
....
vagin

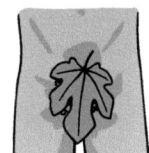

መትሎ
....
pénis

ሽፋሽፍቲ
....
sourcil

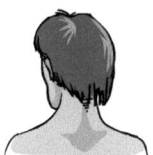

ጸግሪ
....
cheveux

ክሳድ
....
cou

ሆስፒታል
hôpital

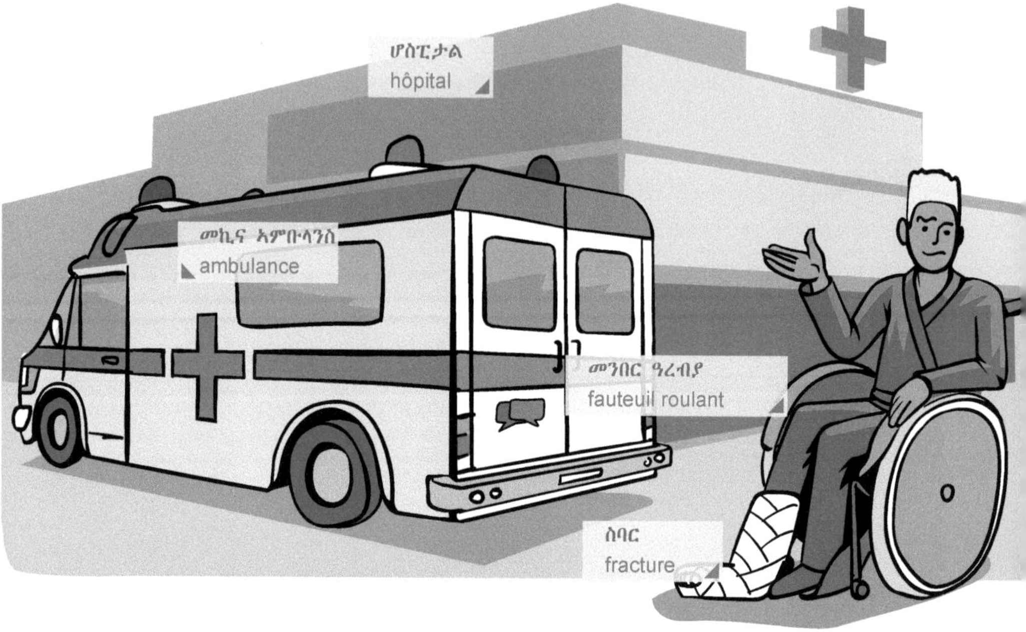

ሆስፒታል
hôpital
መኪና ኣምቡላንስ
ambulance
መንበር ዓረብያ
fauteuil roulant
ስባር
fracture

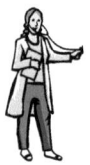

ሓኪም
médecin

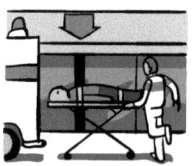

ክፍሊ ህጹጽ ረድኤት
service des urgences

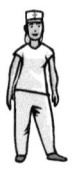

ኣላይት
infirmière

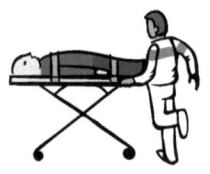

ህጹጽ ኩነት
urgence

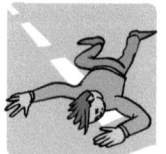

ውነኡ ዘጥፍአ
inconscient

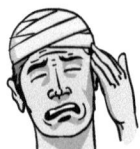

ቃንዛ
douleur

ጉድኣት

blessure

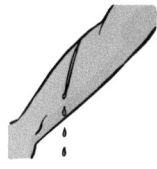

ደም

hémorragie

ማህረምቲ

crise cardiaque

ማህረምቲ

attaque cérébrale

ኣለርጂ

allergie

ሰዓል

toux

ረስኒ

fièvre

ኢንፍልወንዛ

grippe

ውጽኣት

diarrhée

ቃንዛ ርእሲ

mal de tête

መንሽሮ

cancer

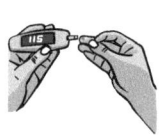

ሹኮርያ

diabète

ሓኪም መጥባሕቲ

chirurgien

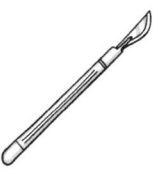

መጥብሒ

scalpel

መጥባሕቲ

opération

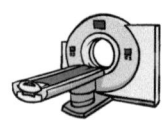

CT
CT

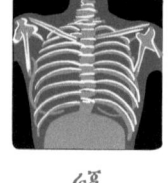

ራጂ
radiographie

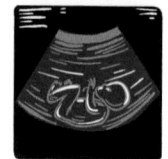

ልዕለ ድምጻዊ
échographie

መሸፈኒ ገጽ
masque

ሕማም
maladie

ክፍሊ ምጽባይ
salle d'attente

ምርኩስ
béquille

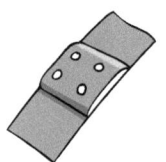

መጀነኒ ቍስሊ
pansement

መጀነኒ
pansement

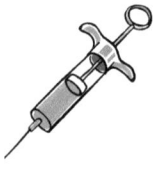

መርፍዕ ምውጋእ
injection

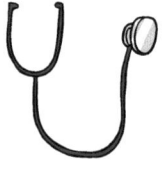

ስተቶስኮፕ
stéthoscope

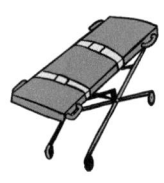

መሰከሚ ሕማም
brancard

ቴርሞመተር
thermomètre

ትውልዲ
accouchement

ልዕለ-ሚዛን
surcharge pondérale

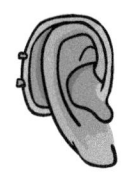

ሓገዝ ምስማዕ

appareil auditif

ኣንጻሒ

désinfectant

ልበዳ

infection

ቫይረስ

virus

ኤድስ

VIH / sida

ሕክምና

médicament

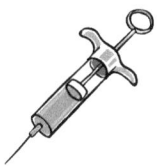

ክታብ

vaccination

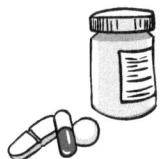

ክኒና

comprimés

ክኒና

pilule

ህጹጽ ምድዋል

appel d'urgence

መዕቀኒ ጸቕጢ ደም

tensiomètre

ሕሙም / ጥዑይ

malade / sain

ሆስፒታል - hôpital

75

ሓገዝ

Au secours !

ኣላርም

alarme

ምህጃም

assaut

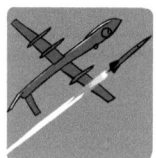

መጥቃዕቲ

attaque

ድንገት

danger

ህጹጽ መውጽኢ

sortie de secours

ሓዊ!

Au feu!

መጥፍኢ ሓዊ

extincteur

ሓደጋ

accident

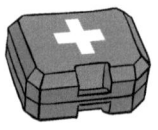

ሳንጣ ቀዳማይ ረድኤት

trousse de premier secours

SOS

SOS

ፖሊስ

police

ኤውሮጳ

Europe

ሰሜን አመሪካ

Amérique du Nord

ደቡብ አመሪካ

Amérique du Sud

አፍሪቃ

Afrique

ኤስያ

Asie

አውስትራልያ

Australie

አትላንቲክ

Océan atlantique

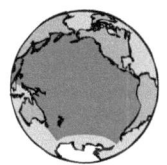

ፓሲፊክ

Océan pacifique

ህንዳዊ ዉቕያኖስ

Océan indien

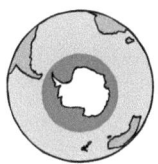

አንታርቲካዊ ዉቕያኖስ

Océan antarctique

አርክቲካዊ ዉቕያኖስ

Océan arctique

ሰሜናዊ ዋልታ

pôle nord

ደቡባዊ ዋልታ

pôle sud

አንታርቲካ

Antarctique

ምድሪ

terre

መሬት

pays

ባሕሪ

mer

ደሴት

île

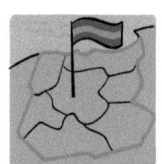

ሃገር

nation

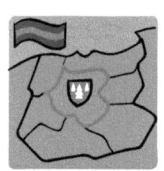

ዓዲ

état

ገጽ ሰዓት

cadran

አመልካቺ ሰዓታት

aiguille des heures

አመልካቺ ደቃይቝ

aiguille des minutes

አመልካቺ ካልኢት

aiguille des secondes

ሰዓት ክንደይ አሎ?

Quelle heure est-il ?

መዓልቲ

jour

ግዜ

temps

ሕጂ

maintenant

ዲጂታል ሰዓት

montre digitale

ደቒቝ

minute

ሰዓት

heure

ሰኑይ
lundi

MO

W mercredi
ረቡዕ

ዓርቢ
vendredi
FR

TU

TH

SA
ቀዳም
samedi

ሰሉስ
mardi

ሓሙስ
jeudi

SO

ሰንበት
dimanche

ትማሊ
hier

ሎሚ
aujourd'hui

ጽባሕ
demain

ንጓሆ
matin

ቀትሪ
midi

ምሽት
soir

መዓልታት ስራሕ
jours ouvrables

መወዳእታ ሰሙን
week-end

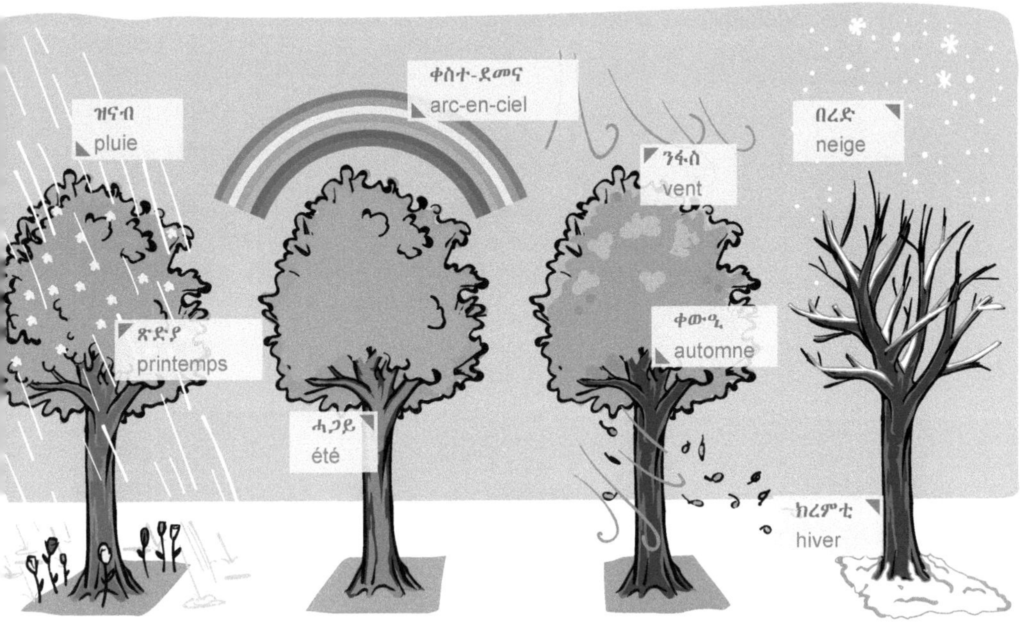

ዝናብ
▶ pluie

ቀስተ-ደመና
▶ arc-en-ciel

ንፋስ
▶ vent

በረድ
◀ neige

ድድያ
▶ printemps

ሓጋይ ◀
été

ቀውዒ ◀
automne

ክረምቲ ◀
hiver

ትንቢት ኩነታት ኣየር
....
météo

ቴርሞመተር
....
thermomètre

ብርሃን ጸሓይ
....
lumière du soleil

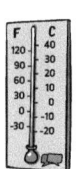

ደበና
....
nuage

ግመ
....
brouillard

ጠሊ
....
humidité

ብርቂ

foudre

ነጕዳ

tonnerre

ህቦብላ

tempête

በረድ

grêle

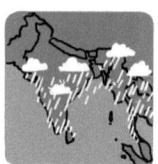

ብርቱዕ ህቦብላ

mousson

ውሕጅ

inondation

በረድ

glace

ጥሪ

janvier

ለካቲት

février

መጋቢት

mars

ሚያዝያ

avril

ጉንበት

mai

ሰነ

juin

ሓምለ

juillet

ነሓሰ

août

ዓመት - année

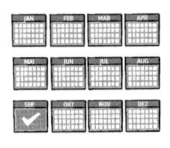

መስከረም
....
septembre

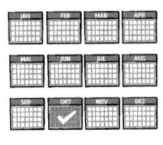

ጥቅምቲ
....
octobre

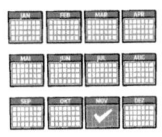

ሕዳር
....
novembre

ታሕሳስ
....
décembre

ዙርያ
....
cercle

ትርብዒት
....
carré

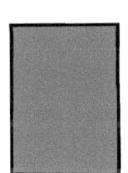

ቅኑዕ ርቡዕ ኲርናዕ
....
rectangle

ስሉስ ኲርናዕ
....
triangle

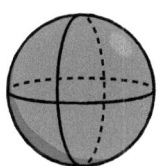

ክቢ
....
sphère

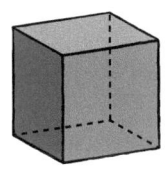

ኲቦ
....
cube

ጸዕዳ

blanc

ብጫ

jaune

ኣራንሺ

orange

ፒንክ

rose

ቀይሕ

rouge

ጆኽ

violet

ሰማያዊ

bleu

ቀጠልያ

vert

ቡናዊ

marron

ሓሙኽሽታይ

gris

ጸሊም

noir

ብዙሕ / ውሑድ

beaucoup / peu

ሕሩቕ / ሰላማዊ

fâché / calme

ጽቡቕ / ክፉእ

joli / laid

መጀመርያ / መወዳእታ

début / fin

ዓቢ / ንእሽቶ

grand / petit

ብሩህ / ጸልማት

clair / obscure

ሓው / ሓፍት

frère / soeur

ጽሩይ / ርሳሕ

propre / sale

ምሉእ / ዘይምሉእ

complet / incomplet

መዓልቲ / ለይቲ

jour / nuit

ሙዉት / ህልው

mort / vivant

ሰፊሕ / ጸቢብ

large / étroit

ደስ ዘበል / ደስ ዘይብል
....
comestible / incomestible

እኩይ / ህያዋይ
....
méchant / gentil

ርቡጽ / ስልኩይ
....
excité / ennuyé

ረጊድ / ቀጢን
....
gros / mince

ቀዳማይ / ናይ መወዳእታ
....
premier / dernier

ዓርኪ / ጸላኢ
....
ami / ennemi

ምሉእ / ባዶ
....
plein / vide

ተሪር / ልስሉስ
....
dur / souple

ከቢድ / ፈኩስ
....
lourd / léger

ጥምየት / ጽምየት
....
faim / soif

ሕሙም / ጥዑይ
....
malade / sain

ዘይሕጋዊ / ሕጋዊ
....
illégal / légal

መስተውዓሊ / ስዂ
....
intelligent / stupide

ጸጋም / የማን
....
gauche / droite

ቐረባ / ርሑቕ
....
proche / loin

86   አንጻራት - oppositions

ሓዲሽ / ብሉይ

nouveau / usé

ዋላ ሓደ / ገለ

rien / quelque chose

ዓቢ/ኣረጊት / መንእሰይ

vieux / jeune

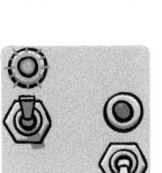

ወልዕ / ኣጥፍእ

marche / arrêt

ክፉት / ዕጹው

ouvert / fermé

ህዱእ / ዓው

faible / fort

ሃብታም / ድኻ

riche / pauvre

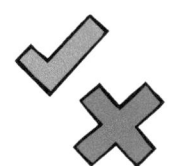

ቅኑዕ / ግጉይ

correct / incorrect

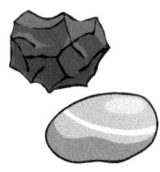

ሓርፋፍ / ልሙጽ

rugueux / lisse

ጉሁይ / ሕጉስ

triste / heureux

ሓጺር / ነዊሕ

court / long

ቀስ / ቅልጡፍ

lent / rapide

ጥሉል / ንቑጽ

mouillé / sec

ምዉቕ / ዝሑል

chaud / froid

ውግእ / ሰላም

guerre / paix

አንጻራት - oppositions   87

0

ዜሮ

zéro

1

ሓደ

un / une

2

ክልተ

deux

3

ሰለስተ

trois

4

ኣርባዕተ

quatre

5

ሓሙሽተ

cinq

6

ሽዱሽተ

six

7

ሽውዓተ

sept

8

ሸሞንተ

huit

9

ትሽዓተ

neuf

10

ዓሰርተ

dix

11

ዓሰርተ ሓደ

onze

12
ዓሰርተ ክልተ
....
douze

13
ዓሰርተ ሰለስተ
....
treize

14
ዓሰርተ ኣርባዕተ
....
quatorze

15
ዓሰርተ ሓሙሽተ
....
quinze

16
ዓሰርተ ሽዱሽተ
....
seize

17
ዓሰርተ ሽውዓተ
....
dix-sept

18
ዓሰርተ ሸሞንተ
....
dix-huit

19
ዓሰርተ ትሽዓተ
....
dix-neuf

20
ዕስራ
....
vingt

100
ሚእቲ
....
cent

1.000
ሽሕ
....
mille

1.000.000
ሚልዮን
....
million

እንግሊዝኛ

anglais

አሜሪካዊ እንግሊዛዊ

anglais américain

ቻይናዊ ማንዳሪን

chinois mandarin

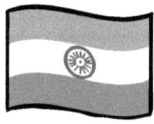

ሂንዳዊ

hindi

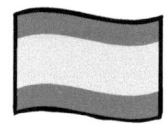

እስጳኛዊ

espagnol

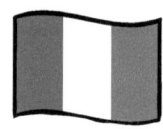

ፈረንሳዊ

français

ዓረባዊ

arabe

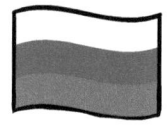

ሩሲያዊ

russe

ፖርቱጋላዊ

portugais

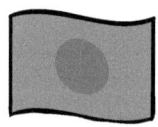

በንጋሊ

bengali

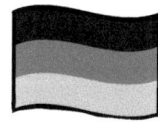

ጀርመናዊ

allemand

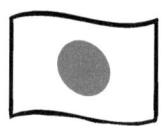

ጃፓናዊ

japonais

አነ

je

ንስኻ/ኺ.

tu

ንሱ / ንሳ / ንሱ

il / elle / ce, c', cela

ንሕና

nous

ንስኻ

vous

ንሳቶም

ils / elles

መን?

Qui ?

እንታይ?

Quoi ?

ከመይ?

Comment ?

አበይ?

Où ?

መዓስ?

Quand ?

ሽም

nom

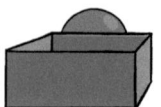

ድሕሪ

derrière

አብ

dans

አብ ቅድሚ

devant

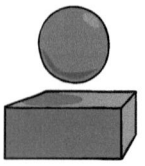

አብ ላዕሊ

au-dessus

አብ ልዕሊ

sur

ትሕቲ ምድሪ

en-dessous

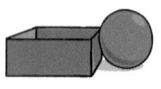

አብ ጥቓ

à côté de

አብ መንጎ

entre

በታ

lieu